中外文**稀有版本**文献

《家庭、私有制和国家的起源》

①

德文版

【德】弗里德里希·恩格斯 ◎ 著

图书在版编目(CIP)数据

《家庭、私有制和国家的起源》中外文稀有版本文献：汉文、英文、德文/(德)恩格斯著；张仲实等译.—北京：中央编译出版社，2022.11

ISBN 978-7-5117-4217-9

Ⅰ.①家… Ⅱ.①恩… ②张… Ⅲ.①《家庭、私有制和国家的起源》–汉、英、德 Ⅳ.①A124

中国版本图书馆 CIP 数据核字(2022)第 158300 号

《家庭、私有制和国家的起源》中外文稀有版本文献

策划统筹	张远航
责任编辑	郑永杰　周雪凝
责任印制	刘　慧
出版发行	中央编译出版社
地　　址	北京市海淀区北四环西路 69 号(100080)
电　　话	(010)55627391(总编室)　　(010)55627312(编辑室) (010)55627320(发行)　　(010)55627377(网站)
经　　销	全国新华书店
印　　刷	北京文昌阁彩色印刷有限责任公司
开　　本	710 毫米 × 1000 毫米　1/16
字　　数	1177 千字
印　　张	85
版　　次	2022 年 11 月第 1 版
印　　次	2022 年 11 月第 1 次印刷
定　　价	1680.00 元(全 6 册)

新浪微博：@中央编译出版社　微　信：中央编译出版社(ID：cctphome)
淘宝店铺：中央编译出版社直销店(http://shop108367160.taobao.com)
　　　　　(010)55627331

本社常年法律顾问：北京市吴栾赵阎律师事务所律师　闫　军　梁　勤
凡有印装质量问题，本社负责调换。电话：(010)55626985

《家庭、私有制和国家的起源》的出版与传播

（代序）

一 国外主要版本和传播情况

恩格斯的《家庭、私有制和国家的起源》（简称《起源》）先后出了六版，其中第二版和第三版是第一版的翻印，第五版和第六版是第四版的翻印。因此，在这里将着重介绍第一版和第四版的出版与传播情况。

（一）《起源》第一版的出版与传播

1.《起源》第一版的出版

1884年10月初，《起源》在瑞士苏黎世问世，署名弗里德里希·恩格斯，著者为第一版写了序言。《起源》之所以在瑞士苏黎世出版，而不是在德国出版，是因为当时德国正值反社会党人法时期，而《起源》又并非是一部单纯的学术著作，而是指导无产阶级革命的理论武器，因此在这样的背景下，如在德国出版《起源》，则很难不被查禁。关于这一点，恩格斯早在1884年4月26日给考茨基的信中写道："关于**专偶制**那一章，以及关于私有制是阶级矛盾的根源和破坏古代公社的杠杆的那最后一章，我根本**不可能**写得适合反社会党人法的要求。"因此，"写得好，就一定被查禁；写得坏，就会得到许可。可是按后一种

做法，我办不到"①。正是在这种背景下，《起源》第一版在瑞士出版。

2.《起源》第一版的传播

在《起源》写作过程中以及第一版出版后，纷纷有译者与恩格斯联系希望能够翻译《起源》，其中涉及意大利文译本、波兰文译本、罗马尼亚文译本、丹麦文译本、法文译本、英文译本和俄文译本等。

关于意大利文译本，意大利社会主义者帕斯夸勒·马尔提涅蒂曾经在1884年11月18日致信恩格斯，询问可否将他的两部著作——《起源》（马尔提涅蒂当时正在翻译这部著作）和《德国农民战争》合成一本书出版。②针对马尔提涅蒂的提议，恩格斯回信表示："该书的题材和《起源》一书的题材毫无共同之处。因此……后一著作单独出版好，至于出版的方法，我完全听从您的决定。"③1885年4月11日前，马尔提涅蒂完成了《起源》的翻译工作，并将译稿寄给恩格斯。恩格斯在收到译稿后，于4月11日回信并对已读部分给予高度评价，恩格斯说："我给您写这几行字，仅仅是为了告诉您译稿④已经收到并且正在校阅。希望过十天半个月后，能将译稿连同我的意见和建议一起寄还。就我至今已经读了的那部分来看，我认为译得很好。"⑤由于在同一时间内，恩格斯还收到了一份《起源》的丹麦文译稿，同时恩格斯还要校阅《资本论》的英文译稿，因此直到1885年5月19日，恩格斯才将《起源》意大利文译稿校阅完并寄出。恩格斯在1885年5月19日致马尔提涅蒂的信中说："译稿和我的意见一并用挂号寄上。很遗憾，我没有很好掌握意大利文，不能更好地表述这些意见；我还是希望这些意见您都能懂得。使我惊奇的是，您从未在德国生活过，也没有在德国研究过语言，却那么好地转达了我的思想。我只发现有几个略语、俗语和成语译

---

① 《马克思恩格斯文集》第10卷，北京：人民出版社2009年版，第515—516页。
② 参见《马克思恩格斯全集》第36卷，北京：人民出版社1974年版，第754—755页，注释265。
③ 参见《马克思恩格斯全集》第36卷，北京：人民出版社1974年版，第263页。
④ 恩格斯《家庭、私有制和国家的起源》一书的意大利文译稿。——原编者注
⑤ 《马克思恩格斯全集》第36卷，北京：人民出版社1974年版，第293页。

错了；这些话对于一个不知道该国日常用语以至方言的人，是不能很好领会的，这些话无论在语法书上或词典里都是没有的。许多地方，只要您很好地领会了意思，我认为您可以译得更灵活、更大胆些。我担心，关于'马尔克'的那条注释不够明确。我认为应该刊印的只有这一条注释。其余的只是让您知道一下就行了。如您对这条注释发生什么怀疑，请告诉我，我打算改写。请原谅，校阅拖了很久。白天我忙于口授马克思的手稿，晚上也不总是有空的：在同一时间内，有人寄来了一份丹麦文译稿①要我校阅，更不要说《资本论》②的英文译稿了。"③ 1885年5月29日，意大利文版的《起源》已经在印刷中，恩格斯在给劳拉·拉法格的信中谈到了他对《起源》意大利文版的评价，即"译者做了他所能做的一切，某些地方确实译得很好。但是，不能期待一个在贝内万托自学德语的人，能把德国成语译成相应的意大利成语。我又不能改正这种缺点，因为我的意大利成语，不是意大利的，只是米兰的，而且这也差不多忘光了"④。1885年6月13日，意大利文版的《起源》应该已经出版，因此恩格斯致信马尔提涅蒂表示"请费神把您的译作寄**六本**给我——这就足够了"⑤。

关于波兰文译本，1884年8月12日，波兰社会党人、政论家玛丽亚·杨科夫斯卡娅-门德尔森（斯·列奥诺维奇）致信恩格斯，请求恩格斯允许将他的著作《起源》用波兰文发表。⑥ 为此，恩格斯于1884年8月中旬回信表示同意，但鉴于德国当时实行反社会党人法的恶劣氛围，所以希望波兰文版一定要在德文版之后出版。恩格斯在回信中说："同意。——我不得不向您提出的唯一的、但必须遵守的条件是：在全书用德文出版以前，**您**什么也不要用波兰文发表。在德国，此书将立即

---

① 弗·恩格斯《家庭、私有制和国家的起源》一书的丹麦文译稿。——原编者注
② 第一卷。——原编者注
③ 《马克思恩格斯全集》第36卷，北京：人民出版社1974年版，第315—316页。
④ 《马克思恩格斯全集》第36卷，北京：人民出版社1974年版，第318页。
⑤ 《马克思恩格斯全集》第36卷，北京：人民出版社1974年版，第323页。
⑥ 《马克思恩格斯全集》第36卷，北京：人民出版社1974年版，第746页，注释214。

被查禁,稍一不慎或过早透露,都会引起德国警方的注意,妨碍德文版的推销,甚至很可能使一大批书被没收。因此,收到此信,务请告知,并答应我:您一定履行这个遗憾的必要条件。"① 玛丽亚·杨科夫斯卡娅-门德尔森在接到恩格斯回信后,立即在8月20日致恩格斯的信中表示当天就着手翻译。但后来由于未可考证的原因,于1885年出版的波兰文本最终是由J.F.沃尔斯基翻译的。②

关于罗马尼亚文译本,恩格斯在1888年1月4日致罗马尼亚政论家、社会民主主义者若昂·纳杰日杰的信中有所谈及,他说:"卡·考茨基……转给我几期《社会评论》和《现代人》,在这几期杂志中除其他材料外,还有您翻译的我的几篇著作,其中有《家庭……的起源》。请允许我对您的劳动表示衷心的感谢,您盛情地承担了这项工作,使这些著作能为罗马尼亚读者所了解。"③ 据考证,罗马尼亚文的《家庭、私有制和国家的起源》载于《现代人》杂志1885年第17—21期,1886年第22—24期。④

关于丹麦文译本,丹麦社会民主党人,社会民主党左派领袖格尔桑·特利尔承担了这项翻译工作。恩格斯在1885年2月底3月初校订了丹麦文部分译稿,认为译得很不错。⑤ 1885年4月23日,恩格斯在致维拉·伊万诺夫娜·查苏利奇的信中表示仍在校阅《起源》的意大利文译文和丹麦文译文,并阐发了"校订译文有时决不是一件多余的和轻而易举的工作"⑥ 的感叹。在1889年5月7日致保尔·拉法格的信

---

① 《马克思恩格斯全集》第36卷,北京:人民出版社1974年版,第201页。
② 参见《马克思恩格斯文集》第4卷,北京:人民出版社2009年版,第573页,注释17;《实现亡友的遗愿——〈家庭、私有制和国家的起源〉(1884年霍廷根—苏黎世版)的写作和流传情况》,胡慧琴译,载《马克思恩格斯列宁斯大林研究》1996年第2辑,原载《马克思恩格斯全集》历史考证版第1部分第29卷。
③ 《马克思恩格斯全集》第37卷,北京:人民出版社1971年版,第3页。
④ 参见《马克思恩格斯全集》第37卷,北京:人民出版社1971年版,第533页,注释1。
⑤ 参见《马克思恩格斯全集》第36卷,北京:人民出版社1974年版,第285页。
⑥ 参见《马克思恩格斯全集》第36卷,北京:人民出版社1974年版,第300页。

中，恩格斯再次说明，"特利尔是我的《家庭的起源》一书的译者"①。《起源》的丹麦文译本于1888年出版。

此外，《起源》的塞尔维亚文译本也于19世纪80年代末出版。②

关于法文译本，恩格斯早在写作《起源》的过程中，就预料到保尔·拉法格会想将《起源》翻译成法文，但是由于担心保尔·拉法格在翻译时的严谨性，因此迟迟没有答应。恩格斯的预料和担心可以从他的书信中表现出来。1884年5月26日，恩格斯致信劳拉·拉法格说："我预料，我的《家庭……的起源》出版后，保尔一定很想译它，因为那里面的东西正好是他所熟悉的；如果他要译的话，他必须把握住德文字的原意，而不要用他所喜欢赋予它们的意思，因为我根本不会有时间去加工。……我刚刚赶完的那本小册子，在一段时间内将是最后一本独立的著作。"③ 1884年9月13—15日，恩格斯在致爱德华·伯恩施坦的信中谈及拉法格翻译《起源》一事时说道："关于翻译我的小册子一事，你说得很好很对。但拉法格是**怎样**翻译的呢？他既不问自己的妻子，也不查词典，一切由他自己干，自作主张：这个德文词相当于那个法文词，而且还以赞赏自己杰作的心情把译稿寄给我。这样干，我自己也干得了。他当然希望马上担负起来，不过我们还得再看一看。"④ 后来，保·拉法格又表示打算把恩格斯的《起源》一书由意大利文转译为法文，这个打算也没有得到恩格斯的同意。⑤ 恩格斯在1885年5月29日致劳拉·拉法格的信中说明了他不同意的原因，即"意大利文版的《起源》也在印刷中。但是，你会立刻发现，不大可能从意大利文版译成法文。如果保尔只不过利用它来帮助理解原著，那是他的事情；不然的话，这只能使他搞出低劣的**复制本**和不好的改写本，而我根本不愿意拿出这样的本子给法国人看。译者做了他所能做的一切，某些地方

---

① 《马克思恩格斯全集》第37卷，北京：人民出版社1971年版，第189页。
② 《马克思恩格斯文集》第4卷，北京：人民出版社2009年版，第573页，注释17。
③ 《马克思恩格斯全集》第36卷，北京：人民出版社1974年版，第156页。
④ 《马克思恩格斯全集》第36卷，北京：人民出版社1974年版，第206页。
⑤ 《马克思恩格斯全集》第36卷，北京：人民出版社1974年版，第762页，注释316。

《家庭、私有制和国家的起源》中外文稀有版本文献

确实译得很好。但是，不能期待一个在贝内万托自学德语的人，能把德国成语译成相应的意大利成语。我又不能改正这种缺点，因为我的意大利成语，不是意大利的，只是米兰的，而且这也差不多忘光了"①。后来，福尔坦表示有兴趣将《起源》译成法文，并于1885年12月6日在致恩格斯的信中询问恩格斯，寄去一份试译稿。② 1886年1月29日，恩格斯在致弗里德里希·阿道夫·左尔格的信中表示，当时他正在校订"《家庭的起源》——法文译稿"③。恩格斯这里提到的《起源》的法文译稿也许就是福尔坦的试译稿。但最终这项计划没能实现。1893年发行的第一次印刷的法译本是以《起源》的1891年第四版为依据的。④

关于英文译本，英国社会主义者、作家、政论家、马克思女儿爱琳娜的丈夫爱德华·艾威林博士和美国社会主义者弗洛伦斯·凯利-威士涅威茨基夫人都希望能够翻译。从恩格斯的相关书信来看，综合考虑《起源》翻译的难度、英美书报销售业的条件、美国工人运动的发展阶段及美国工人的需要、恩格斯著作的整体英译本情况等，恩格斯更倾向于由艾威林博士来翻译并在伦敦出版《起源》。恩格斯在1886年8月13—14日致弗洛伦斯·凯利-威士涅威茨基夫人的信中说："现在谈谈《起源》。这本东西比《状况》难译得多，每一页也许都要您付出较多的精力和时间。不过，如果我有时间校阅译文的话，这一点倒不会成为障碍，但您得付出必要的时间和精力，同时页边留宽一些，以便修改。这里还要注意一个情况。既然这本东西要用英文出版，那就应该在出版后使读者在普通的书店里就能买到。我估计《状况》就**不会**是这样。只要美国书报销售业条件同欧洲没有多大区别，书商就不会出售同他们

---

① 《马克思恩格斯全集》第36卷，北京：人民出版社1974年版，第318页。
② 《实现亡友的遗愿——〈家庭、私有制和国家的起源〉（1884年霍廷根—苏黎世版）的写作和流传情况》，胡慧琴译，载《马克思恩格斯列宁斯大林研究》1996年第2辑。原载《马克思恩格斯全集》历史考证版第1部分第29卷。
③ 《马克思恩格斯全集》第36卷，北京：人民出版社1974年版，第421页。
④ 参见《实现亡友的遗愿——〈家庭、私有制和国家的起源〉（1884年霍廷根—苏黎世版）的写作和流传情况》，胡慧琴译，载《马克思恩格斯列宁斯大林研究》1996年第2辑。原载《马克思恩格斯全集》历史考证版第1部分第29卷。

没有联系的工人政党的机构出版的东西。正因为此，宪章派和欧文派的出版物任何地方也没有保存下来，任何地方都无法找到，**甚至英国博物馆都没有**；正因为如此，我们德国党的所有书刊在书店里也买不到（早在反社会党人法以前很久就是这样），在党外，读者始终不知道这些书刊。有时候这种情况是无法预防的，但应该尽量避免。四十多年来，我在德国吃过这个苦头，现在我想使我的著作的英译本避免这种情况，这一点您是不会责备我的。英国的情况是：现在或者最近将来能为社会主义著作找到出版者，我不怀疑，明年我在这里能够出版英译本，并使译者得到稿费；此外，因为我早已答应艾威林博士翻译《发展》和《起源》（只要他**自己**能为自己的劳动搞到报酬的话），所以，要知道，美国版不由普通出版社出版，只会减少伦敦版由普通出版社出版并使读者到处都能买到的机会。此外，我并不认为，美国工人目前非需要这本书不可。《资本论》今年年底以前他们就可以买到，对他们来说这是最主要的。我的小册子作为通俗读物为实际宣传的目的服务，未必合适。在目前运动还不发展的阶段，我认为某些法国通俗著作倒是更合适些。……现在再来谈谈《起源》。我不想说，我已经无条件答应艾威林翻译这本东西，但是，如果译本要在**伦敦**出版的话，我认为我必须请他翻译。所以，最后如何处理，这在很大程度上要看您在美国出版这本东西的条件而定。……您自己知道，不仅这一本书，而且可能还有其他许多著作，我都有可能找一家资产阶级商业界中有名的出版社来出英文版，而且这样做有一个好处，就是翻译工作可以在这里进行（这会节省我很多时间），因此，在同意在美国单出版这一本小册子从而破坏整个事情以前，我得好好考虑考虑。同时，在目前美国反社会主义者的恐怖情况下，我怀疑您能找到一个愿意把自己的名字同社会主义著作联系在一起的职业出版者。……现在您可以相信，还要过一些时候美国工人**群众**才会开始**阅读**社会主义书刊。那些**已经在**阅读和将要阅读的人，可以找到足够的材料，他们最不会感到缺少《起源》这本书。盎格鲁撒克逊人的头脑，特别是在美国经过了一番非常讲究实际的发展，一点也不重视理论，除非是迫切的需要促使他们去接受理论，所以我的最大指望就是，我们的朋友们从自身错误的后果中得到的教训，会教育他们去钻研理论。"①艾威林译的《家庭、私有制和国家的起源》一书在恩格斯在世时没有翻译出来。②

此外，恩格斯在1884年10月15日致卡尔·考茨基的信中还提道："《起源》一书除要译成波兰文外，维·查苏利奇提出要译成俄文。"③但从后来的结果看，该计划没有成行，《起源》的俄文译本后是根据1891年第四版译出的。

综上所述，《起源》1884年霍廷根—苏黎世版出版后，分别出版了意大利文译本、波兰文译本、罗马尼亚文译本、丹麦文译本和塞尔维亚文译本，其中意大利文译本和丹麦文译本是由恩格斯亲自审定的。除此之外，《起源》的法文译本、英文译本和俄文译本也都在商谈之中，但由于种种原因，未能翻译出版。

（二）《起源》第四版的出版与传播

1. 《起源》第四版对第一版的修订与补充

自《起源》初版问世至1891年的7年时间里，"对于原始家庭形式的认识，已经获得了很大的进展"④。1886年，俄国社会学家柯瓦列夫斯基和瑞士法学家霍伊斯勒分别发表了《原始法权·第一分册：氏族》和《德意志私法制度》；1888年，法国人种志学家勒土尔诺发表了《婚姻和家庭之进化》；1890年，俄国社会学家柯瓦列夫斯基和德国历史学家库诺夫分别发表了《家庭及所有制的起源和发展的概论》和

---

① 《马克思恩格斯全集》第36卷，北京：人民出版社1974年版，第493—495页。
② 《马克思恩格斯全集》第36卷，北京：人民出版社1974年版，第793页，注释493。
③ 《马克思恩格斯全集》第36卷，北京：人民出版社1974年版，第221页。
④ 《马克思恩格斯文集》第4卷，北京：人民出版社2009年版，第18页。

《古秘鲁的农村公社和马尔克公社》；1891年，芬兰社会学家韦斯特马克①发表了《人类婚姻史》；等等。因此，为了恰如其分地照顾到当时的科学状况，也为了弥补以前各版脱销的供不应求局面，恩格斯决定对《起源》第一版进行修订和补充。

关于《起源》第四版对第一版的修订和补充，恩格斯在1891年7月7日致劳拉·拉法格的信中指出："我正在结束《起源》第四版的修订工作。将有大量的重要补充，首先是写了一篇新序言（校样已寄给腊韦，该文可能在下期《新时代》上发表），其次是家庭一章有重大补充。"②苏联学者文尼科夫曾对《起源》第四版对第一版的修订补充情况做过统计研究，他指出，这些修订和补充包括五种类型，共计144处。第一，文字上的修改，不改变本文基本的意义，有51处；第二，明确或发挥本文意义的修改和小的补充，有44处；第三，采用新的事实资料进一步发挥原来论点的，有20处；第四，原则性的修改和补充，有22处；第五，修改原文不确切的，有7处。按章节来看，第二章修改得最多，共75处，占了修改总数的一半以上。其次是第七章。修改不大的是第六、九章。几乎没有什么重大修改的是第一、三、四、五、八章。③

2.《起源》第四版的出版

恩格斯自1890年开始着手准备出版《起源》新版本。在可考证的相关书信中，恩格斯在1890年4月11日致卡尔·考茨基的信中首次谈及了出版《起源》新版本的事情，他说："昨天还收到了狄茨的来信，我……向他证实我同意……再版《起源》作为国际丛书中的一册。我

---

① 关于爱·韦斯特马克的名字，《马克思恩格斯文集》第4卷译为"爱·韦斯特马克"，《马克思恩格斯全集》第一版第39卷译为"爱·韦斯特马尔克"。本书中除部分直接引文中的名字仍采用"爱·韦斯特马尔克"之外，其他相关部分皆采用《马克思恩格斯文集》中的译法。
② 《马克思恩格斯全集》第38卷，北京：人民出版社1972年版，第126页。
③ 参阅文尼科夫：《〈家庭、私有制和国家的起源〉一书的第一版和第四版》，载《民族译丛》1956年第5期。

还答应作一些补充。"① 1890 年 5 月 20 日，恩格斯已经开始为《起源》新版做资料方面的准备，他写信给弗·阿·左尔格，请求帮忙寻找摩尔根的最近著作——摩尔根的《美洲土著的住房和家庭生活》。② 恩格斯于 1890 年 7 月 30 日前收到了这本书。③

1891 年底，经过修改和补充的《起源》第四版在斯图加特出版，虽然具体出版日期不详，但可断定是在 1891 年 11 月 10 日前出版的。因为恩格斯在 1891 年 12 月 1 日致劳·拉法格的信中问劳·拉法格："我三个多星期前寄给你的一本第四版《家庭的起源》，不知收到没有？我往欧洲寄了许多本，均未收到回音。寄往国外的书，哪怕少付半个便士的邮资，英国邮局都干脆予以没收，因此，我开始担心起来。"④

第四版出版后，又于 1892 年和 1894 年出版了第五版和第六版，这两版都是在第四版基础上翻印的。⑤

3.《起源》第四版的传播

《起源》第四版出版后，被译成法文（1893 年）、保加利亚文（1893 年）、西班牙文（1894 年）、俄文（1894 年）和英文（1902 年）等，其中法译文由劳拉·拉法格校订，并经恩格斯审阅。⑥

《起源》第四版的法文版于 1893 年出版，可以肯定的是，该书是在 1893 年 10 月 14 日前出版的。因为在 1893 年 10 月 14 日恩格斯致劳拉·拉法格的信中，他说："我收到了三册《家庭的起源》的法译本。"⑦

《起源》的俄文译本于 1894 年在彼得堡出版，由德文第四版译出。

---

① 《马克思恩格斯全集》第 37 卷，北京：人民出版社 1971 年版，第 374—375 页。
② 《马克思恩格斯全集》第 37 卷，北京：人民出版社 1971 年版，第 408 页。
③ 《马克思恩格斯全集》第 37 卷，北京：人民出版社 1971 年版，第 425 页。
④ 《马克思恩格斯全集》第 38 卷，北京：人民出版社 1972 年版，第 230 页。
⑤ 参见《马克思恩格斯文集》第 4 卷，北京：人民出版社 2009 年版，第 573 页，注释 17。
⑥ 参见《马克思恩格斯文集》第 4 卷，北京：人民出版社 2009 年版，第 573 页，注释 17。
⑦ 《马克思恩格斯全集》第 39 卷，北京：人民出版社 1974 年版，第 144 页。

从恩格斯在 1894 年 6 月 1 日致尼古拉·弗兰策维奇·丹尼尔逊的信中可以看出,俄文译本的出版时间至少在 1894 年 6 月 1 日前,且恩格斯十分严谨地对已读译文给予了不错的评价,他说:"《起源》的俄译本收到,十分感谢。就我读过的情况来看,我认为译文很好,对该书的书刊检查显然也是宽大的。"①

尽管在《起源》第一版出版后,恩格斯便同意由爱德华·艾威林博士将其翻译为英文版,但该译本在恩格斯在世时没有翻译出来。直到 1898 年艾威林去世,《起源》英文版也未能问世。因此,目前存在的《起源》英译本主要包括以下版本,且都根据《起源》第四版译出。第一,最早的《起源》英译本是由欧内斯特·翁特曼(Ernest Untermann)翻译,美国芝加哥查尔斯·H.克尔出版社 1902 年出版的版本。该版本主要内容包括第一版序言、第四版序言、正文,书前附译者序言。第二,1940 年,英国伦敦"劳伦斯—威沙特"出版公司出版由阿利克·韦斯特(Alick West)译,多娜·托尔(Dona Torr)校的译本。该译本由第一版序言、第四版序言、正文和附录——《新发现的群婚实例》构成,书前附出版者说明。该译本于 1941、1942、1943、1946、1972 年再版。第三,1942 年,美国纽约国际出版社出版《起源》英译本,未署译者,内容包括第一版序言、第四版序言、正文和附录——《新发现的群婚实例》。该版本于 1963、1970 年重印。1972 年,该出版社以 1942 年版译本为基础,同时依据《马克思恩格斯全集》德文版第 21 卷(Dietz Verlag, Berlin, 1962)中的德文原文对原译本进行了修订,出版了新版译本,即 1972 年第一版。该版主要内容仍为第一版序言、第四版序言、正文和附录——《新发现的群婚实例》,但在版权页增加了"出版者说明",在书前附埃莉诺·伯克·利科克(Eleanor Burke Leacock)写的长达 67 页的导言,在书后附恩格斯的《劳动在从猿到人转变过程中的作用》及编者引言。从 1972 年版的"出版者说明"中可以

---

① 《马克思恩格斯全集》第 39 卷,北京:人民出版社 1974 年版。

得知，尽管该出版社在 1942 年版译本中并未署译者，但该译本的译者实为 Aleck West，即 1940 年英国伦敦"劳伦斯—威沙特"出版公司的译本的译者。① 经笔者比对，1940 年英国伦敦"劳伦斯—威沙特"出版公司译本与 1942 年美国纽约国际出版社译本确为同一译者的同一作品。第四，1940 年，苏联莫斯科外文出版社出版《起源》英译本，未署译者，内容包括第一版序言、第四版序言、正文和附录——《新发现的群婚实例》。1948 年，苏联莫斯科外文出版社出版修订本，同样未署译者，内容同样包括第一版序言、第四版序言、正文和附录——《新发现的群婚实例》，但是扉页有"出版者说明"，书前附联共（布）中央马克思恩格斯列宁研究院写的《序言》。在"出版者说明"中，出版者指出，"该版本依据恩格斯 1891 年的德文第四版进行了重新校订"。1948 年版后来于 1950、1952、1954、1959、1962、1968、1972、1977、1983、1985 年重印。笔者目前只查阅到了 1952、1954 和 1985 年的重印本。1952 年和 1954 年的重印本仍由苏联莫斯科外文出版社出版，书前不再附联共（布）中央马克思恩格斯列宁研究院写的《序言》。1985 年的重印本则由进步出版社出版。第五，1972 年，美国纽约寻路者出版社（Pathfinder Press）出版《起源》英译本，内容包括第一版序言、第四版序言、正文、附录——《新发现的群婚实例》《劳动在从猿到人转变过程中的作用》，书前附 Evelyn Reed 写的导言和关于翻译的说明。该译本于 1973、1975、1976、1979、1983 年重印。

此外，《起源》还收录在《马克思恩格斯全集》历史考证版（MEGA²）第 I 部分第 29 卷第 125—271 页；《马克思恩格斯全集》德文版第 21 卷第 25—173 页，俄文第一版第 16 卷（上）第 7—153 页，俄文第二版第 21 卷第 23—178 页，英文版第 26 卷第 129—276 页，日文版第 21 卷第 25—178 页；《马克思恩格斯选集》英文版第 2 卷第 170—326 页；等等。

---

① 区别仅在于 1940 年"劳伦斯—威沙特"版将译者印为 Alick West，1972 年国际出版社版在"出版者说明"中将译者印为 Aleck West。

《关于原始家庭的历史》（即第四版序言）收录在《马克思恩格斯全集》历史考证版（MEGA²）第Ⅰ部分第29卷第132—144页；《马克思恩格斯全集》德文版第22卷第211—222页，俄文第一版第16卷（下）第117—128页，俄文第二版第21卷第214—225页，日文版第22卷第217—230页；《马克思恩格斯选集》英文版第2卷第172—184页；等等。

二 国内主要版本和传播情况

《起源》一书是最早传入中国的恩格斯经典著作之一，在中国的翻译和传播经历了个人中文摘译本阶段、个人全译本阶段和新中国成立后有组织的集体翻译出版三个阶段。

（一）个人中文摘译本阶段

这一阶段的时间跨度为20世纪初至20年代末，期间的《起源》译本主要有两个特点：第一，翻译由个人完成；第二，译本并非全译本，而是摘译本，主要刊载在杂志刊物上。这一时期《起源》的主要摘译本如下：

1908年，中国出现了最早的《起源》摘译本。由志达摘译的《起源》第二章的若干段落，发表在《天义报》（日本东京）1908年2—5月第16—19卷合卷刊载的志达的《女子问题研究》一文中。该文将恩格斯这部著作译为《家族、私有财产及国家之起源》。

1920年10月，恽代英译述了恩格斯关于家庭的起源的观点，以《英哲尔士论家庭的起源》为题，发表在《东方杂志》第17卷第19号第50—55页和第20号第67—71页。这里的英哲尔士即指恩格斯，译述的主要内容为《起源》第四版序言和第二章"家庭"的部分内容，译述所依据的文本是《起源》英译本，这些信息在译文前的"译者志"中有所说明。恽代英在"译者志"中指出："英哲尔士（Frederick Engels）为马克斯（Karl Marx）的挚友，终身在宣传事业中联合努力。读马氏传的，无有不知他的。此篇节译其论家庭起源的意见。原书名'The Origin of Family Private Property and the State'。"① 另外，需要说明的是，这里之所以称恽代英"译述"的恩格斯论家庭的起源的意见，意在表明这种摘译不是按照原文逐段逐句翻译而成的，而是对部分段落内容的概述性翻译。

1922 年 1 月 15 日，邓中夏以笔名重远摘译的《起源》一书中关于国家的性质及其如何消亡的论述，刊载在他在《先驱》创刊号发表的题为《共产主义与无政府主义》的文章中。②

1923 年 8 月，熊得山摘译的《起源》第一章、第五章、第六章、第九章，分别以《历史以前底文化阶段》《国家的起源》《未开与文明》为名，发表在《今日》（北京）第 3 卷第 2 期第 76—81、30—46、57—75 页。③

（二）个人全译本阶段

这一阶段的时间跨度为 20 世纪 20 年代末至 50 年代中期，期间的《起源》译本也呈现出两个特点：第一，翻译仍由个人完成；第二，译本主要以全译本的形式出现。这一时期《起源》的主要译本如下：

1. 李膺扬译《起源》译本

该译本由李膺扬根据欧内斯特·翁特曼的英译本译出，并同时参照了西雅雄氏及田中九一氏根据德文版的二种日译本。它于 1929 年 6 月 10 日由新生命书局（上海）出版，书名译为《家族私有财产及国家之起源》，著者译为"恩格尔"，印有"社会科学名著译丛"字样，封面注明

---

① 《英哲尔士论家庭的起源》，恽代英译，载《东方杂志》第 17 卷第 19、20 号，1920 年 10 月。

② 参见《恩格斯和马克思主义》编写组编：《恩格斯和马克思主义》，北京：中国人民大学出版社 1985 年版，第 511 页。

③ 北京图书馆马列著作研究室编：《马克思恩格斯著作中译文综录》，北京：书目文献出版社 1983 年版，第 206 页。

"李膺扬译",封底注明"校订者周佛海 译者李膺扬",为竖排平装本。主要内容包括恩格斯写的第一版序言(1884年)、第四版序言(1891年)和正文,书前附出版者陶希圣于1929年6月14日写的序和译者序言。

出版者陶希圣在他写的序中介绍了《起源》的价值及出版《起源》的意旨,即"这本书的重要,是在以历史的唯物论来叙述民族学家所发见的材料。这本书的价值,是在民族学家所发见的事实能作历史的唯物论的证明。……本书是民族学开山巨著与历史唯物论交流之产物。我们介绍本书因此也有两方面的意义。第一在使读者得知历史唯物论的具体证据。第二在引起读者对民族学研究的端绪和兴趣"[①]。

译者在译者序言中简要介绍了《起源》写作的动因、基础、主要内容,以及该译本得以形成的文本依据,写道:"本书有如著者在序言中所说,是恩格尔继承马克思在生前有志而未遂的工作所完成者,他根据关于这一问题的摩尔根之划时代的研究,加上自己的研究,并插入马克思的评注……把自蒙昧,野蛮以至文明的人类之生活之历史,由唯物史观的见地,简单地论述。我们从本书,不仅获得在历史研究方法上的一般的指示,更可看到人类原始生活中许多有趣味的事实,与三千年来我们文明基础的一夫一妻家族,私有财产制度及国家之沿革,还有锐利的马克思主义的对此之批评。要想知道马克思学派怎样地看男女关系,怎样地看国家,本书便是极有兴味而且重要的指针。……本书以 Ernest Untermann 的英译为底本;当翻译时,并参照西雅雄氏及田中九一氏根据德文版的二种日译本。"[②]

该译本在1929至1937年间,由新生命书局(上海)重印了7版,其中自第五版(1934年3月10日)起未署校者;在所有7版中,恩格斯都被译为"恩格尔",全名被译为"菲特力克·恩格尔"。具体版本、形式如下:1930年3月30日,再版,印有"社会科学名著译丛"字

---

① 《家族私有财产及国家之起源》,李膺扬译,上海:新生命书局1929年版,第2—3页。
② 《家族私有财产及国家之起源》,李膺扬译,上海:新生命书局1929年版,第1—7页。

样,竖排平装本。1931年4月30日,第三版,印有"社会科学名著译丛"字样,竖排平装本。1932年7月23日,第四版,印有"社会科学名著译丛"字样,竖排平装本。1934年3月10日,第五版,印有"新生命高等文库"字样,封底无"校订者周佛海"字样,竖排平装本。1936年2月20日,第六版,印有"社会科学名著译丛"字样,竖排平装本。1937年5月5日,第七版,无"社会科学名著译丛"或"新生命高等文库"等字样,竖排平装本。

1938年6月,明华出版社重印该译本,封面书名同样译为《家族私有财产及国家之起源》,但著者译为"恩格斯",全名译为"福里特里黑·恩格斯",未署译者和校者,内容包括第一版序言、第四版序言和正文,同时删去了陶希圣的序和译者序言,竖排平装本。据笔者考证,明华出版社译本基本完全采用了前7版李膺扬的译本,区别仅在于两点:第一,将著者译为"恩格斯"。第二,去掉了部分译者注。例如,李膺扬译本"第一版序言"的第二段第一句话为"本书仅对我的故友(即马克思——译者注)所未能完成的工作,做成一点补充而已"①。明华出版社译本为"本书仅对我的故友所未能完成的工作,做成一点补充而已"②。

2. 未署译者、出版者、无出版时间等信息的译本

该译本为横排平装本,封面书名译为《家庭私产及国家的起源》,扉页书名为《家庭,私产及国家的起源》,封面著者译为"恩格思","第一版序言"和"第四版序言"末尾著者译为"法兰特里希·恩格斯",无译者、出版者、出版时间等信息,内容由第一版序言、第四版序言和正文构成,封底有手写"一九三〇年 三、十六"字样。从该译本本身来看,可以确知该译本与李膺扬译本以及明华出版社基本重印的李膺扬译本不是一个译本,除此之外尽管无法获得关于该译本的其他确切信息,但是可以推断出以下内容:第一,该译本的出版时间在

---

① 《家族私有财产及国家之起源》,李膺扬译,上海:新生命书局1929年版,第2页。
② 《家族私有财产及国家之起源》,李膺扬译,上海:明华出版社1938年版,第1页。

1930年3月16日前。尽管无从考证该译本封底手写的时间点具体是购书者标注的购书时间抑或是出版时间抑或只是随手写的过去的一个时间点，但无论怎样，可以肯定的是，在1930年3月16日已经出现了该译本。第二，该译本可能是第一个将著者"恩格斯"译为"恩格斯"的译本。尽管该译本在封面将著者译为"恩格思"，但是在"第一版序言"和"第四版序言"末尾处则将著者译为"法兰特里希·恩格斯"。由于我们可以推断该译本在1930年3月16日前便已出现，早于1938年的明华出版社译本，因此据目前可考资料来看，该译本很可能是第一个将著者译为"恩格斯"的译本。第三，据目前可考资料来看，该译本很可能是第一个在书名中呈现出"家庭"字样而不是"家族"字样的译本。

3. 张仲实译《起源》译本

1939年，张仲实在盛世才反动统治下的新疆，不顾白色恐怖，根据莫斯科马克思恩格斯列宁学院院长亚多拉茨基重新校阅并编辑注释的《起源》俄译本，将《起源》译为中文。该译本于1941年2月由学术出版社（上海）出版，书名译为《家族私有财产及国家之起源》，著者译为"恩格斯"，全名译为"福里特里克·恩格斯"，印有"古典名著译丛"字样，主要内容为第一版序言、第四版序言、正文和附录——《新发现的群婚场合》，书前有译者序言，书中有编者注，竖排平装本。

张仲实的译本后来多次再版或重印，例如，1946年5月，生活书店（上海 重庆）版，书名译为《家族私有财产及国家的起源》，印有"世界学术名著译丛"字样，竖排平装本；1947年1月，生活书店（重庆 星加坡）重印，注明"胜利后第2版"，印有"世界学术名著译丛"字样，竖排平装本；1948年11月，光华书店版，印有"马列文库之六"字样，竖排平装本；1949年4月，新中国书局（印有"东北现名光华书店"字样）（长春）再版，印有"世界学术名著译丛"字样，竖排平装本；1949年4月，生活·读书·新知三联书店第一版，竖排平装本；1949年7月，新华书店（大连）重印，竖排平装本；1950年2

月，生活·读书·新知三联书店（上海）再版，书名为《家族、私有财产及国家的起源》，印有"马列主义理论丛书"字样，竖排平装本；1950年4月，生活·读书·新知三联书店（北京）第三版，印有"马列主义理论丛书"字样，竖排平装本；1950年10月，北京生活·读书·新知三联书店第五版，印有"马列主义理论丛书"字样，竖排平装本。

1954年，张仲实根据苏联国家政治书籍出版局1947年所出的《起源》俄文译本，对自己翻译的《家庭私有财产和国家的起源》一书进行了重新校订，补译了联共（布）中央马克思恩格斯列宁研究院序言一篇，并请人民大学研究部樊亢、谢家、王更生同志根据俄文译本，参考英、日译本校阅一遍，请中国科学院社会研究所汪敬虞同志根据英文译本校阅一遍，请北京大学东方语文系季羡林同志根据德文原文校订前半一部分，^①该校订本于1954年10月由人民出版社出版。书名改译为《家庭、私有制和国家的起源》，主要内容有第一版序言、第四版序言、正文、附录——《新发现的群婚实例》^②，书前有联共（布）中央马克思恩格斯列宁研究院写的《序言》，书后有《译者后记》（写于1954年5月10日），书中有著者注、英文版编者注、俄文版编者注，本版为横排本，分精装、平装两种。

（三）有组织的集体翻译出版阶段

从20世纪初到1949年新中国成立前，马克思、恩格斯、列宁的许多重要著作都已经有了中文译本，但从整体上看，经典著作文本的中国化还存在大量问题，如经典作家的遗著中仍有大量文献尚未翻译介绍；已经出版的译本质量良莠不齐；各种译本译文风格不一，对经典作家的范畴、概念和术语译法不一；等等。在这种情况下，为了进一步提高译

---

① 参见《家庭、私有制和国家的起源》，张仲实译，北京：人民出版社1954年版，第176—177页。

② 1941年版译为《新发现的群婚场合》。

文质量，更全面地反映经典作家的全部理论，亟须成立一个专门机构来组织指导并从事经典著作文本的翻译工作。因此，新中国成立前夕，周恩来同志于1949年上半年起草了筹建中央俄文编译局的决定，中央俄文编译局于1949年6月正式成立。此后，中央又在中宣部设立了《斯大林全集》翻译室。1953年1月29日，经毛泽东同志亲自批示，中央决定将上述两个机构合并，成立中共中央马恩列斯著作编译局，"其任务是有系统地有计划地翻译马克思、恩格斯、列宁、斯大林的全部著作"①。中共中央编译局成立后，中国的马克思主义经典著作编译事业进入了一个有组织的集体翻译出版的新时代。借着这股东风，《起源》的翻译出版工作也进入了有组织的集体翻译出版的新阶段。

1954—1955年，中国派在苏联外国文书籍出版局工作的同志依据俄文版《马克思恩格斯文集》（两卷本）集体翻译出版了中文版《马克思恩格斯文选》（两卷本），《起源》被收入《马克思恩格斯文选》第2卷②第169—325页，内容包括第一版序言、第四版序言和正文，注明"集体翻译 唯真校订"。《马克思恩格斯文选》（两卷本）在《马克思恩格斯全集》出版之前被广泛使用，1958年和1963年，人民出版社先后两次重印。

1955年，中央编译局正式启动《马克思恩格斯全集》中文第一版的翻译工作，《马克思恩格斯全集》中文第一版依照收录《起源》正文和第一版序言的《马克思恩格斯全集》俄文第二版译出，同时参考了马克思的原著文字。③ 其中《家庭、私有制和国家的起源》正文和第一版序言被收入1965年9月出版的第21卷；第四版序言和"新发现的一

---

① 中央关于成立马恩列斯著作编译局与撤销中央俄文编译局的决定，参见《思想的历程》创作组编：《思想的历程：马克思主义在中国的百年传播》，北京：中央编译出版社2011年版，第107页。

② 《马克思恩格斯文选》（第2卷），莫斯科：外国文书籍出版局1955年版。

③ 参见《马克思恩格斯全集》第1卷，北京：人民出版社1956年版，扉页。说明：《马克思恩格斯全集》俄文第二版是根据苏联共产党中央委员会的决定，由苏共中央马克思列宁主义研究院编译，苏联国家政治书籍出版局于1955年开始出版的。

个群婚实例"被收入1965年5月出版的第22卷。联共（布）中央马克思恩格斯列宁研究院为《起源》写的《序言》未被收入《马克思恩格斯全集》中。关于中央编译局译校的《家庭、私有制和国家的起源》与以前译本的联系与区别，中央编译局在收录《起源》正文和第一版序言的《全集》第21卷中指出："'家庭、私有制和国家的起源'一书，是在人民出版社1961年单行本译文的基础上校订的，并由原译者张仲实同志审阅一遍"①；在收录《起源》第四版序言和"新发现的一个群婚实例"的《全集》第22卷中指出："关于原始家庭的历史（巴霍芬、麦克伦南、摩尔根）。'家庭、私有制和国家的起源'一书德文第四版序言"和"新发现的一个群婚实例"二文，是在1961年人民出版社出版的"家庭、私有制和国家的起源"一书（张仲实译）译文的基础上修订的。②

1966年3月，人民出版社出版《家庭、私有制和国家的起源》大16开本单行本，共两册，恩格斯的《新发现的一个群婚实例》作为附录收入本书，书后附注释151条，函装横排本。在该版的封底中，出版社对本单行本的文本来源及内容作了简要说明，指出："本书中第一版序言和正文部分的译文采自《马克思恩格斯全集》中文版第21卷，第四版序言和附录的译文采自《全集》中文版第22卷。这次排印大16开本时，由中共中央马克思恩格斯列宁斯大林著作编译局对译文作了一些修改。"③

1972年，为了适应读者学习马克思主义的需要，中央编译局编辑了4卷本《马克思恩格斯选集》，由人民出版社于1972年5月出版，封底注明"中共中央马克思恩格斯列宁斯大林著作编译局编"，其中《起源》被收入《选集》第4卷第1—175页，收入内容为第一版序言、第四版序言和正文，未附《新发现的一个群婚实例》。《选集》中《起源》

---

① 《马克思恩格斯全集》第21卷，北京：人民出版社1965年版，第827页。
② 参见《马克思恩格斯全集》第22卷，北京：人民出版社1965年版，第862页。
③ 恩格斯：《家庭、私有制和国家的起源》，北京：人民出版社1966年版，封底。

的译文采用人民出版社出版的《马克思恩格斯全集》的译文，经过了重新校订。①

1972年12月，人民出版社出版《家庭、私有制和国家的起源》单行本，注明"中共中央马克思恩格斯列宁斯大林著作编译局译"，内容包括第一版序言、第四版序言、正文和附录《新发现的一个群婚实例》，书中有编者注，书后附注释和《族名索引》，横排平装本。

1995年，中央编译局编译的《马克思恩格斯选集》中文第二版由人民出版社出版发行，扉页注有"中共中央马克思恩格斯列宁斯大林著作编译局编译"。《选集》第二版的译文以第一版为基础，并依据1975年开始陆续出版的《马克思恩格斯全集》历史考证版，及《马克思恩格斯全集》德文版、英文版等进行了重新校订②，并对注释和索引进行了增补和修订。经过重新校订过的《家庭、私有制和国家的起源》被收入《选集》第二版第4卷第1—179页，收入内容为第一版序言、第四版序言、正文，未附《新发现的一个群婚实例》。

1999年，人民出版社出版了列入《马克思列宁主义文库》的《起源》单行本。

2009年，由中央编译局编译的《马克思恩格斯文集》10卷本由人民出版社出版发行，扉页注有"中共中央马克思恩格斯列宁斯大林著作编译局编译"。《文集》的译文根据《马克思恩格斯全集》历史考证版（MEGA²）、《马克思恩格斯全集》德文版（柏林）和《马克思恩格斯全集》英文版（莫斯科、伦敦、纽约）作了重新审核和修订。经过重新审核和修订的《起源》被收入《文集》第4卷第13—198页，内容包括第一版序言、第四版序言和正文，未收入附录《新发现的一个群婚实例》。

---

① 参见《马克思恩格斯选集》第1卷，北京：人民出版社1972年版，第1页；《马克思恩格斯全集》第21卷，北京：人民出版社1965年版，第27—203页；《马克思恩格斯全集》第22卷，北京：人民出版社1965年版，第246—259页；《马克思恩格斯选集》第4卷，北京：人民出版社1972年版，第1—175页。

② 参见韦建桦：《马克思主义理论建设的崭新成果——〈马克思恩格斯选集〉中文第2版简介》，载《马克思恩格斯研究》1995年第23期。

2012年,为了确保经典著作译文的统一性和准确性,由中央编译局编译的《马克思恩格斯选集》中文第三版由人民出版社出版发行,扉页印有"中共中央马克思恩格斯列宁斯大林著作编译局编译"字样,《选集》译文采用《马克思恩格斯文集》的译文,《起源》被收入《选集》第4卷第12—195页,内容包括第一版序言、第四版序言和正文,未收入附录《新发现的一个群婚实例》。

此外,民族出版社还根据中共中央马克思恩格斯列宁斯大林著作编译局的中译文翻译出版了蒙文版(1976年2月)、朝鲜文版(1976年12月)等民族文字的《起源》译本。新疆人民出版社出版了哈萨克文的《起源》译本(1959年版)。①

(本文来自2017年中央编译出版社出版的江洋所著《恩格斯〈家庭、私有制和国家的起源〉研究读本》有关内容。)

---

① 参见北京图书馆马列著作研究室编:《马克思恩格斯著作中译文综录》,北京:书目文献出版社1983年版,第208页。

Der Ursprung der Familie,

des

Privateigenthums

und des Staats.

Im Anschluss

an

Lewis H. Morgan's Forschungen

von

Friedrich Engels.

Zürich.
Verlags-Magazin (J. Schabelitz).
1884.

Der Ursprung der Familie,

des

Privateigenthums

und des Staats.

Im Anschluss

an

Lewis H. Morgan's Forschungen

von

Friedrich Engels.

Hottingen-Zürich.
Druck der Schweizerischen Genossenschaftsbuchdruckerei.
1884.

Die nachfolgenden Kapitel bilden gewissermassen die Vollführung eines Vermächtnisses. Es war kein Geringerer als Karl Marx, der sich vorbehalten hatte, die Resultate der Morgan'schen Forschungen im Zusammenhang mit den Ergebnissen seiner — ich darf innerhalb gewisser Grenzen sagen unserer — materialistischen Geschichtsuntersuchung darzustellen und dadurch erst ihre ganze Bedeutung klar zu machen. Hatte doch Morgan die von Marx vor vierzig Jahren entdeckte, materialistische Geschichtsauffassung in Amerika in seiner Art neu entdeckt, und war von ihr, bei Vergleichung der Barbarei und der Civilisation, in den Hauptpunkten zu denselben Resultaten geführt worden, wie Marx. Und wie „das Kapital" von den zünftigen Oekonomen in Deutschland Jahre lang ebenso eifrig ausgeschrieben wie hartnäckig todtgeschwiegen wurde, ganz so wurde Morgan's „Ancient Society"*) behandelt von den Wortführern der „prähistorischen" Wissen-

---

*) Ancient Society, or Researches in the Lines of Human Progress from Savagery, through Barbarism, to Civilization. By Lewis H. Morgan. London, Macmillan & Co., 1877. Das Buch ist in Amerika gedruckt und in London merkwürdig schwer zu haben. Der Verfasser ist vor einigen Jahren gestorben.

— IV —

schaft in England. Meine Arbeit kann nur einen geringen Ersatz bieten für das, was meinem verstorbenen Freunde zu thun nicht mehr vergönnt war. Doch liegen mir in seinen ausführlichen Auszügen aus Morgan kritische Anmerkungen vor, die ich hier wiedergebe, so weit es irgend angeht.

———

Nach der materialistischen Geschichtsauffassung ist das bestimmende Moment in der Geschichte: die Produktion und Reproduktion des unmittelbaren Lebens. Diese ist aber selbst wieder doppelter Art. Einerseits die Erzeugung von Lebensmitteln, von Gegenständen der Nahrung, Kleidung, Wohnung und den dazu erforderlichen Werkzeugen; andrerseits die Erzeugung von Menschen selbst, die Fortpflanzung der Gattung. Die gesellschaftlichen Einrichtungen, unter denen die Menschen einer bestimmten Geschichtsepoche und eines bestimmten Landes leben, werden bedingt durch beide Arten der Produktion: durch die Entwicklungsstufe einerseits der Arbeit, andrerseits der Familie. Je weniger die Arbeit noch entwickelt ist, je beschränkter die Menge ihrer Erzeugnisse, also auch der Reichthum der Gesellschaft, desto überwiegender erscheint die Gesellschaftsordnung beherrscht durch Geschlechtsbande. Unter dieser, auf Geschlechtsbande begründeten Gliederung der Gesellschaft entwickelt sich indess die Produktivität der Arbeit mehr und mehr; mit ihr Privateigenthum und Austausch, Unterschiede des Reichthums, Verwerthbarkeit fremder Arbeitskraft und damit die Grundlage von Klassengegensätzen: neue soziale Elemente, die im Lauf von Generationen sich abmühen, die alte Gesellschaftsverfassung den neuen Zuständen anzupassen, bis endlich die Unvereinbarkeit Beider eine vollständige Umwälzung herbeiführt. Die alte, auf Geschlechtsverbänden beruhende Gesellschaft wird gesprengt im Zusammenstoss der neu entwickelten gesellschaftlichen Klassen; an ihre Stelle tritt eine neue Gesellschaft, zusammengefasst im Staat, dessen Untereinheiten nicht mehr Geschlechtsverbände, sondern Ortsverbände sind, eine Gesellschaft, in der die Familienordnung ganz von der Eigenthumsordnung beherrscht wird und in der sich nun jene Klassengegensätze und Klassenkämpfe frei entfalten, aus denen der Inhalt aller bisherigen geschriebenen Geschichte besteht.

Es ist das grosse Verdienst Morgan's, diese vorgeschichtliche Grundlage unserer geschriebenen Geschichte in ihren Hauptzügen entdeckt und wiederhergestellt, und in den Geschlechtsverbänden der nordamerikanischen Indianer den Schlüssel gefunden zu haben, der uns die wichtigsten, bisher unlösbaren Räthsel der ältesten griechischen, römischen und deutschen Geschichte erschliesst. Es ist aber seine Schrift kein Eintagswerk. An die vierzig Jahre hat er mit seinem Stoff gerungen, bis er ihn vollständig beherrschte.

— VI —

Darum aber ist auch sein Buch eins der wenigen epochemachenden Werke unserer Zeit.

In der nachfolgenden Darstellung wird der Leser im Ganzen und Grossen leicht unterscheiden, was von Morgan herrührt und was ich hinzugesetzt. In den geschichtlichen Abschnitten über Griechenland und Rom habe ich mich nicht auf Morgan's Belege beschränkt, sondern hinzugefügt, was mir zu Gebote stand. Die Abschnitte über Celten und Deutsche gehören wesentlich mir an; Morgan verfügte hier fast nur über Quellen zweiter Hand und für die deutschen Zustände — ausser Tacitus — nur über die schlechten liberalen Verfälschungen des Herrn Freeman. Die ökonomischen Ausführungen, die bei Morgan für seinen Zweck hinreichend, für den meinigen aber durchaus ungenügend, sind alle von mir neu bearbeitet. Und endlich bin ich selbstredend verantwortlich für alle Schlussfolgerungen, soweit nicht Morgan ausdrücklich citirt wird.

I. Vorgeschichtliche Kulturstufen.

Morgan ist der erste, der mit Sachkenntniss eine bestimmte Ordnung in die menschliche Vorgeschichte zu bringen versucht; so lange nicht bedeutend erweitertes Material zu Aenderungen nöthigt, wird seine Gruppirung wohl in Kraft bleiben.

Von den drei Hauptepochen: Wildheit, Barbarei, Civilisation beschäftigen ihn selbstredend nur die ersten zwei und der Uebergang zur dritten. Jede der beiden theilt er ein in eine untere, mittlere und obere Stufe, je nach den in jeder derselben errungenen Fortschritten der Produktion der Lebensmittel; denn, sagt er: „die Geschicklichkeit in dieser Produktion ist entscheidend für den Grad menschlicher Ueberlegenheit und Naturbeherrschung; von allen Wesen hat nur der Mensch es bis zu einer fast unbedingten Herrschaft über die Erzeugung von Nahrungsmitteln gebracht. Alle grossen Epochen menschlichen Fortschrittes fallen, mehr oder weniger direkt, zusammen mit Epochen der Ausweitung der Unterhaltsquellen." — Die Entwicklung der Familie geht daneben, bietet aber keine so schlagenden Merkmale zur Trennung der Perioden.

1. Wildheit.

1. **Unterstufe:** Kindheit des Menschengeschlechts, das wenigstens theilweise auf Bäumen lebend, wodurch allein sein Fortbestehn gegenüber grossen Raubthieren erklärlich, noch in seinen ursprünglichen Sitzen, tropischen oder subtropischen Wäldern sich aufhielt. Früchte,

Nüsse, Wurzeln dienten zur Nahrung; die Ausbildung artikulirter Sprache ist Hauptergebniss dieser Zeit. Von allen Völkern, die innerhalb der geschichtlichen Periode bekannt geworden sind, gehörte kein einziges mehr diesem Urzustand an. So lange Jahrtausende er auch gedauert haben mag, so wenig können wir ihn aus direkten Zeugnissen beweisen; aber die Abstammung des Menschen aus dem Thierreich einmal zugegeben, wird die Annahme dieses Uebergangs unumgänglich.

2. Mittelstufe — beginnt mit der Verwerthung von Fischen (wozu wir auch Krebse, Muscheln und andere Wasserthiere zählen) zur Nahrung und mit dem Gebrauch des Feuers. Beides gehört zusammen, da Fischnahrung erst vermittelst des Feuers vollständig vernutzbar wird. Mit dieser neuen Nahrung aber wurden die Menschen unabhängig von Klima und Lokalität; den Strömen und Küsten folgend, konnten sie selbst im wilden Zustand sich über den grössten Theil der Erde ausbreiten. Die roh gearbeiteten, ungeschliffenen Steinwerkzeuge des früheren Steinalters, die sogenannten paläolithischen, die ganz oder grösstentheils in diese Periode fallen, sind in ihrer Verbreitung über alle Kontinente Beweisstücke dieser Wanderungen. Die neubesetzten Zonen wie der ununterbrochen thätige Findungstrieb, verbunden mit dem Besitz des Reibfeuers, brachten neue Nahrungsmittel auf; so stärkmehlhaltige Wurzeln und Knollen, in heisser Asche oder in Backgruben (Erdöfen) gebacken; so Wild, das mit Erfindung der ersten Waffen, Keule und Speer, gelegentliche Zugabe zur Kost wurde. Ausschliessliche Jägervölker, wie sie in den Büchern figuriren, d. h. solche die nur von der Jagd leben, hat es nie gegeben; dazu ist der Ertrag der Jagd viel zu ungewiss. In Folge andauernder Unsicherheit der Nahrungsquellen scheint auf dieser Stufe die Menschenfresserei aufzukommen, die sich von jetzt an lange erhält Die Australier und viele Polynesier stehen noch heute auf dieser Mittelstufe der Wildheit.

3. Oberstufe: beginnt mit der Erfindung von Bogen und Pfeil, wodurch Wild regelmässiges Nah-

rungsmittel, Jagd einer der normalen Arbeitszweige wurde. Bogen, Sehne und Pfeil bilden schon ein sehr zusammengesetztes Instrument, dessen Erfindung lange, gehäufte Erfahrung und geschärfte Geisteskräfte voraussetzt, also auch die gleichzeitige Bekanntschaft mit einer Menge anderer Erfindungen. Vergleichen wir die Völker, die zwar Bogen und Pfeil kennen, aber noch nicht die Töpferkunst (von der Morgan den Uebergang in die Barbarei datirt), so finden wir in der That bereits einige Anfänge der Niederlassung in Dörfern, eine gewisse Beherrschung der Produktion des Lebensunterhalts, hölzerne Gefässe und Geräthe, Fingerweberei (ohne Webstuhl) mit Fasern von Bast, geflochtene Körbe von Bast oder Schilf, geschliffene (neolithische) Steinwerkzeuge. Meist auch hat Feuer und Steinaxt bereits das Einbaum-Boot und stellenweise Balken und Bretter zum Hausbau geliefert. Alle diese Fortschritte finden wir z. B. bei den nordwestlichen Indianern Amerikas, die zwar Bogen und Pfeil, aber nicht die Töpferei kennen. Für die Wildheit war Bogen und Pfeil, was das eiserne Schwert für die Barbarei und das Feuerrohr für die Civilisation: die entscheidende Waffe.

II. Barbarei.

1. Unterstufe. Datirt von der Einführung der Töpferei. Diese ist nachweislich in vielen Fällen und wahrscheinlich überall entstanden aus der Ueberdeckung geflochtener oder hölzerner Gefässe mit Lehm, um sie feuerfest zu machen; wobei man bald fand, dass der geformte Lehm auch ohne das innere Gefäss den Dienst leistete.

Bisher konnten wir den Gang der Entwicklung ganz allgemein, als gültig für eine bestimmte Periode aller Völker, ohne Rücksicht auf die Lokalität, betrachten. Mit dem Eintritt der Barbarei aber haben wir eine Stufe erreicht, worauf sich die verschiedene Naturbegabung der beiden grossen Erdkontinente geltend macht. Das charakteristische Moment der Periode der Barbarei ist die Zähmung und Züchtung von Thieren und die Kultur von Pflanzen. Nun besass der östliche Kontinent, die s. g. alte Welt, fast alle zur Zähmung tauglichen Thiere und alle kulturfähigen Getreidearten ausser einer; der westliche, Amerika, von zähmbaren Säugethieren nur das Llama, und auch dies nur in einem Theil des Südens, und von allen Kulturgetreiden nur eins, aber das beste: den Mais. Diese verschiedenen Naturbedingungen bewirken, dass von nun an die Bevölkerung jeder Halbkugel ihren besondern Gang geht und die Marksteine an den Grenzen der verschiedenen Stufen in jedem der beiden Fälle verschieden sind.

2. Mittelstufe. Beginnt im Osten mit der Zähmung von Hausthieren, im Westen mit der Kultur von Nährpflanzen mittelst Berieselung und dem Gebrauch von Adoben (an der Sonne getrockneten Ziegeln) und Stein zu Gebäuden.

Wir beginnen mit dem Westen, da hier diese Stufe bis zur europäischen Eroberung nirgends überschritten wurde.

Bei den Indianern der Unterstufe der Barbarei (wozu alle östlich des Mississippi gefundenen gehörten), bestand zur Zeit ihrer Entdeckung schon eine gewisse Gartenkultur von Mais und vielleicht auch Kürbissen, Melonen und andern Gartengewächsen, die einen sehr wesentlichen Bestandtheil ihrer Nahrung lieferte; sie wohnten in hölzernen Häusern, in verpalisadirten Dörfern. Die nordwestlichen Stämme, besonders die im Gebiet des Columbiaflusses, standen noch auf der Oberstufe der Wildheit und kannten weder Töpferei noch Pflanzenkultur irgend einer Art. Die Indianer der s. g. Pueblos in Neu-Mexico dagegen, die Mexikaner, Central-Amerikaner und Peruaner zur Zeit der Eroberung standen auf der Mittelstufe der Barbarei; sie wohnten in festungsartigen Häusern von Adoben oder Stein, bauten Mais und andre nach Lage und Klima verschiedene Nährpflanzen in künstlich berieselten Gärten, die die Hauptnahrungsquelle lieferten, und hatten sogar einige Thiere gezähmt — die Mexikaner den Truthahn und andre Vögel, die Peruaner das Llama. Dazu kannten sie die Verarbeitung der Metalle — mit

Ausnahme des Eisens, wesshalb sie noch immer der Steinwaffen und Steinwerkzeuge nicht entbehren konnten. Die spanische Eroberung schnitt dann alle weitere selbständige Entwicklung ab.

Im Osten begann die Mittelstufe der Barbarei mit der Zähmung milch- und fleischgebender Thiere, während Pflanzenkultur hier noch bis tief in diese Periode unbekannt geblieben zu sein scheint. Die Zähmung und Züchtung von Vieh, und die Bildung grösserer Heerden scheint den Anlass gegeben zu haben zur Aussonderung der Arier und Semiten aus der übrigen Masse der Barbaren. Den europäischen und asiatischen Ariern sind die Viehnamen noch gemeinsam, die der Kulturpflanzen aber fast gar nicht.

Die Heerdenbildung führte an geeigneten Stellen zum Hirtenleben; bei den Semiten in den Grasebenen des Euphrat und Tigris, bei den Ariern in denen Indiens, des Oxus und Jaxartes, des Don und Dniepr. An den Grenzen solcher Weideländer muss die Zähmung des Viehs zuerst vollführt worden sein. Den späteren Geschlechtern erscheinen sie so als aus Gegenden kommend, die, weit entfernt die Wiege des Menschengeschlechts zu sein, im Gegentheil für ihre wilden Vorfahren und selbst für Leute der Unterstufe der Barbarei fast unbewohnbar waren. Umgekehrt, sobald diese Barbaren der Mittelstufe einmal an Hirtenleben gewöhnt, hätte es ihnen nie einfallen können, freiwillig aus den grastragenden Stromebenen in die Waldgebiete zurückzukehren, in denen ihre Vorfahren heimisch gewesen. Ja selbst als sie weiter nach Norden und Westen gedrängt wurden, war es den Semiten und Ariern unmöglich, in die westasiatischen und europäischen Waldgegenden zu ziehen, ehe sie durch Getreidebau in den Stand gesetzt wurden, ihr Vieh auf diesem weniger günstigen Boden zu ernähren und besonders zu überwintern. Es ist mehr als wahrscheinlich, dass der Getreidebau hier zuerst aus dem Futterbedürfniss für's Vieh entsprang und erst später für menschliche Nahrung wichtig wurde.

Der reichlichen Fleisch- und Milchnahrung bei Ariern

und Semiten, und besonders ihrer günstigen Wirkung auf die Entwicklung der Kinder, ist vielleicht die überlegne Entwicklung beider Racen zuzuschreiben. Dagegen haben die Pueblos-Indianer von Neu-Mexiko, die auf fast reine Pflanzenkost reduzirt sind, ein kleineres Gehirn als die mehr fleisch- und fischessenden Indianer der niedern Stufe der Barbarei. Jedenfalls verschwindet auf dieser Stufe allmälig die Menschenfresserei und erhält sich nur als religiöser Akt oder, was hier fast identisch, als Zaubermittel.

3. Oberstufe. Beginnt mit dem Schmelzen des Eisenerzes und geht über in die Civilisation vermittelst der Erfindung der Buchstabenschrift und ihrer Verwendung zu literarischer Aufzeichnung. Diese Stufe, die, wie gesagt, nur auf der östlichen Halbkugel selbständig durchgemacht wird, ist an Fortschritten der Produktion reicher als alle vorhergehenden zusammen genommen. Ihr gehören an die Griechen zur Heroenzeit, die italischen Stämme kurz vor der Gründung Roms, und die Deutschen des Cäsar (oder, wie wir lieber sagen möchten, des Tacitus).

Vor Allem tritt uns hier zuerst entgegen die eiserne, von Vieh gezogene Pflugschar, die den Ackerbau auf grosser Stufe, den Feldbau, möglich machte, und damit eine für damalige Verhältnisse praktisch unbeschränkte Vermehrung der Lebensmittel; damit auch die Ausrodung des Waldes und seine Verwandlung in Ackerland und Wiese — die wieder ohne die eiserne Axt und den eisernen Spaten auf grossem Massstab unmöglich blieb. Damit kam aber auch rasche Vermehrung der Bevölkerung, und dichte Bevölkerung auf kleinem Gebiet. Vor dem Feldbau müssen sehr ausnahmsweise Verhältnisse vorgekommen sein, wenn eine halbe Million Menschen sich unter einer einzigen Centralleitung sollte vereinigen lassen; wahrscheinlich war das nie geschehn.

Die höchste Blüte der Oberstufe der Barbarei tritt uns entgegen in den homerischen Gedichten, namentlich der Ilias. Entwickelte Eisenwerkzeuge; der Blasbalg; die Handmühle; die Töpferscheibe; die Oel- und

Weinbereitung; eine entwickelte, in's Kunsthandwerk übergehende Metallbearbeitung; der Wagen und Streitwagen; der Schiffbau mit Planken und Balken; die Anfänge der Architektur als Kunst; ummauerte Städte mit Thürmen und Zinnen; das homerische Epos und die gesammte Mythologie — das sind die Haupterbschaften, die die Griechen aus der Barbarei hinübernahmen in die Civilisation. Wenn wir damit die Beschreibung der Germanen bei Cäsar und selbst Tacitus vergleichen, die am Anfang derselben Kulturstufe standen, aus der die homerischen Griechen in eine höhere überzugehen sich anschickten, so sehen wir, welchen Reichthum der Entwicklung der Produktion die Oberstufe der Barbarei in sich fasst.

Das Bild, das ich hier von der Entwicklung der Menschheit durch Wildheit und Barbarei zu den Anfängen der Civilisation nach Morgan skizzirt habe, ist schon reich genug an neuen und, was mehr ist, unbestreitbaren, weil unmittelbar der Produktion entnommenen Zügen. Dennoch wird es matt und dürftig erscheinen, verglichen mit dem Bild, das sich am Ende unserer Wanderschaft entrollen wird; erst dann wird es möglich sein, den Uebergang aus der Barbarei in die Civilisation und den schlagenden Gegensatz Beider in's volle Licht zu stellen. Vorderhand können wir Morgan's Abtheilung dahin verallgemeinern: Wildheit — Zeitraum der vorwiegenden Aneignung fertiger Naturprodukte; die Kunstprodukte des Menschen sind vorwiegend Hülfswerkzeuge dieser Aneignung. Barbarei — Zeitraum der Erwerbung von Viehzucht und Ackerbau, der Erlernung von Methoden zur Produktion von Naturerzeugnissen durch menschliche Thätigkeit. Civilisation — Zeitraum der Erlernung der weiteren Verarbeitung von Naturerzeugnissen, der eigentlichen Industrie und der Kunst.

II. Die Familie.

Morgan, der sein Leben grossentheils unter den noch jetzt im Staat New-York ansässigen Irokesen zugebracht und in einen ihrer Stämme (den der Senekas) adoptirt worden, fand unter ihnen ein Verwandtschaftssystem in Geltung, das mit ihren wirklichen Familienbeziehungen im Widerspruch stand. Bei ihnen herrschte jene, beiderseits leicht lösliche Einzelehe, die Morgan als „Paarungsfamilie" bezeichnet. Die Nachkommenschaft eines solchen Ehepaars war also vor aller Welt offenkundig und anerkannt; es konnte kein Zweifel sein, auf wen die Bezeichungen Vater, Mutter, Sohn, Tochter, Bruder, Schwester anzuwenden seien. Aber der Gebrauch dieser Ausdrücke widerspricht dem. Der Irokese nennt nicht nur seine eigenen Kinder, sondern auch die seiner Brüder, seine Söhne und Töchter; und sie nennen ihn Vater. Die Kinder seiner Schwestern dagegen nennt er seine Neffen und Nichten, und sie ihn Onkel. Umgekehrt nennt die Irokesin, neben ihren eigenen Kindern, diejenigen ihrer Schwestern ihre Söhne und Töchter, und diese nennen sie Mutter. Die Kinder ihrer Brüder dagegen nennt sie ihre Neffen und Nichten, und sie heisst ihre Tante. Ebenso nennen die Kinder von Brüdern sich unter einander Brüder und Schwestern, dessgleichen die Kinder von Schwestern. Die Kinder einer Frau und die ihres Bruders dagegen nennen sich gegenseitig Vettern und Cousinen. Und dies sind nicht blosse Namen, sondern Ausdrücke thatsächlich geltender Anschauungen von Nähe und Entferntheit, Gleichheit und Ungleichheit der Blutsverwandtschaft, und dienen zur

Grundlage eines vollständig ausgearbeiteten Verwandtschaftssystems, das mehrere hundert verschiedene Verwandtschaftsbeziehungen eines einzelnen Individuums auszudrücken im Stande ist. Noch mehr. Dies System ist nicht nur in voller Geltung bei allen amerikanischen Indianern (bis jetzt ist keine Ausnahme gefunden), sondern es gilt auch fast unverändert bei den Ureinwohnern Indiens, bei den dravidischen Stämmen in Dekan und den Gaurastämmen in Hindustan. Die Verwandtschaftsausdrücke der südindischen Tamiler und der Seneka-Irokesen im Staat New-York stimmen noch heute überein für mehr als zweihundert verschiedene Verwandtschaftsbeziehungen. Und auch bei diesen indischen Stämmen, wie bei allen amerikanischen Indianern, stehen die aus der geltenden Familienform entspringenden Verwandtschaftsbeziehungen im Widerspruch mit dem Verwandtschaftssystem.

Wie nun dies erklären? Bei der entscheidenden Rolle, die die Verwandtschaft bei allen wilden und barbarischen Völkern in der Gesellschaftsordnung spielt, kann man die Bedeutung dieses so weitverbreiteten Systems nicht mit Redensarten beseitigen. Ein System, das in Amerika allgemein gilt, in Asien bei Völkern einer ganz verschiedenen Race ebenfalls besteht, von dem mehr oder weniger abgeänderte Formen überall in Afrika und Australien sich in Menge vorfinden, will geschichtlich erklärt sein, nicht weggeredet, wie dies z. B. MacLennan versuchte. Die Bezeichnungen Vater, Kind, Bruder, Schwester sind keine blossen Ehrentitel, sondern führen ganz bestimmte, sehr ernstliche gegenseitige Verpflichtungen mit sich, deren Gesammtheit einen wesentlichen Theil der Gesellschaftsverfassung jener Völker ausmacht. Und die Erklärung fand sich. Auf den Sandwichinseln (Hawaii) bestand noch in der ersten Hälfte dieses Jahrhunderts eine Form der Familie, die genau solche Väter und Mütter, Brüder und Schwestern, Söhne und Töchter, Onkel und Tanten, Neffen und Nichten lieferte wie das amerikanisch-altindische Verwandtschaftssystem sie fordert. Aber merkwürdig! Das Verwandtschaftssystem, das in Hawaii in Geltung war, stimmte wieder nicht mit der dort thatsächlich bestehenden Familienform. Dort nämlich sind alle Geschwisterkinder, ohne Ausnahme, Brüder und Schwestern, und gelten für die gemeinsamen Kinder, nicht nur ihrer Mutter und deren Schwestern, oder ihres Vaters und dessen Brüder, sondern aller Geschwister ihrer Eltern ohne Unterschied. Wenn also das amerikanische Verwandtschaftssystem eine in Amerika nicht mehr bestehende, primitivere Form der Familie voraussetzt, die wir in Hawaii wirklich noch vorfinden, so verweist uns anderseits das Hawaii'sche Verwandtschaftssystem auf eine noch ursprünglichere Familienform, die wir zwar nirgends mehr als bestehend nachweisen können, die aber bestanden haben muss, weil sonst das entsprechende Verwandtschaftssystem nicht hätte entstehen können. „Die Familie, sagt Morgan, ist das aktive Element; sie ist nie stationär, sondern schreitet vor von einer niedrigeren zu einer höheren Form, im Mass wie die Gesellschaft von niederer zu höherer Stufe sich entwickelt. Die Verwandtschaftssysteme dagegen sind passiv; nur in langen Zwischenräumen registriren sie die Fortschritte, die die Familie im Lauf der Zeit gemacht hat, und erfahren nur dann radikale Aenderung, wenn die Familie sich radikal verändert hat." — „Und, setzt Marx hinzu, ebenso verhält es sich mit politischen, juristischen, religiösen, philosophischen Systemen überhaupt." Während die Familie fortlebt, verknöchert das Verwandtschaftssystem, und während dies gewohnheitsmässig fortbesteht, entwächst ihm die Familie. Mit derselben Sicherheit aber, mit der Cuvier aus den bei Paris gefundenen Marsupialknochen eines Thierskeletts schliessen konnte, dass dies einem Beutelthier gehörte und dass dort einst ausgestorbene Beutelthiere gelebt, mit derselben Sicherheit können wir aus einem historisch überkommenen Verwandtschaftssystem schliessen, dass die ihm entsprechende, ausgestorbene Familienform bestanden hat.

Die eben erwähnten Verwandtschaftssysteme und Familienformen unterscheiden sich von den jetzt herrschenden dadurch, dass jedes Kind mehrere Väter und

Mütter hat. Bei dem amerikanischen Verwandtschaftssystem, dem die hawaii'sche Familie entspricht, können Bruder und Schwester nicht Vater und Mutter desselben Kindes sein; das hawaii'sche Verwandtschaftssystem aber setzt eine Familie voraus, in der dies im Gegentheil die Regel war. Wir werden hier in eine Reihe von Familienformen versetzt, die den bisher gewöhnlich als allein geltend angenommenen direkt widersprechen. Die hergebrachte Vorstellung kennt nur die Einzelehe, daneben Vielweiberei Eines Mannes, allenfalls noch Vielmännerei Einer Frau, und verschweigt dabei, wie es dem moralisirenden Philister ziemt, dass die Praxis sich über diese von der offiziellen Gesellschaft gebotenen Schranken stillschweigend aber ungenirt hinwegsetzt. Das Studium der Urgeschichte dagegen führt uns Zustände vor, wo Männer in Vielweiberei, und ihre Weiber gleichzeitig in Vielmännerei leben, und die gemeinsamen Kinder daher ihnen Allen auch als gemeinsam gelten; Zustände, die selbst wieder bis zu ihrer schliesslichen Auflösung in die Einzelehe eine ganze Reihe von Veränderungen durchmachen. Diese Veränderungen sind der Art, dass der Kreis, den das gemeinsame Eheband umfasst, und der ursprünglich sehr weit war, sich mehr und mehr verengert, bis er schliesslich nur das Einzelpaar übrig lässt, das heute vorherrscht.

Indem Morgan auf diese Weise die Geschichte der Familie rückwärts konstruirt, kommt er in Uebereinstimmung mit der Mehrzahl seiner Kollegen auf einen Urzustand, wo unbeschränkter Geschlechtsverkehr innerhalb eines Stammes herrschte, so dass jede Frau jedem Mann, und jeder Mann jeder Frau gleichmässig gehörte. Die Entdeckung dieses Urzustandes ist das erste grosse Verdienst Bachofens.*) Aus diesem Urzustand entwickelte sich, wahrscheinlich sehr frühzeitig:

---

*) Wie wenig Bachofen verstand, was er entdeckt oder vielmehr errathen hatte, beweist er durch die Bezeichnung dieses Urzustandes als Hetärismus. Hetärismus bezeichnete den Griechen, als sie das Wort einführten, Verkehr von Männern, unverheiratheten oder in Einzelehe lebenden, mit unverheiratheten Weibern, setzt

1. **Die Blutsverwandtschaftsfamilie**, die erste organisirte Form der Gesellschaft und die erste Stufe der Familie. Hier sind die Ehegruppen nach Generationen gesondert: alle Grossväter und Grossmütter innerhalb der Grenzen der Familie sind sämmtlich unter einander Mann und Frau, ebenso deren Kinder, also die Väter und Mütter, wie deren Kinder wieder einen dritten Kreis gemeinsamer Ehegatten bilden werden, und deren Kinder, die Urenkel der ersten, einen vierten. In dieser Familienform sind also nur Vorfahren und Nachkommen, Eltern und Kinder von den Rechten wie Pflichten (wie wir sagen würden) der Ehe unter einander ausgeschlossen. Brüder und Schwestern, Vettern und Cousinen ersten, zweiten und entfernteren Grades, sind alle Brüder und Schwestern unter einander und eben desswegen alle Mann und Frau Eins des andern. Das Verhältniss von Bruder und Schwester schliesst auf dieser Stufe die Ausübung des gegenseitigen Geschlechtsverkehrs von selbst in sich ein.*) Die typische Gestalt einer solchen Familie würde bestehn aus der Nachkommenschaft Eines Paars, in welcher wieder die Nachkommen jedes einzelnen Grades unter sich Brüder und Schwestern und eben desshalb Männer und Frauen unter einander sind.

---

stets eine bestimmte Form der Ehe voraus, ausserhalb der dieser Verkehr stattfindet, und schliesst die Prostitution wenigstens schon als Möglichkeit ein. In einem andern Sinn ist das Wort auch nie gebraucht worden, und in diesem Sinn gebrauche ich es mit Morgan. Bachofen's höchst bedeutende Entdeckungen werden überall bis in's Unglaubliche vermystifizirt durch seine Einbildung, die geschichtlich entstandenen Beziehungen von Mann und Weib hätten ihre Quelle in den jedesmaligen religiösen Vorstellungen der Menschen, nicht in ihren wirklichen Lebensverhältnissen.

*) In einem Brief vom Frühjahr 1882 spricht Marx sich in den stärksten Ausdrücken aus über die im Wagner'schen Nibelungentext herrschende totale Verfälschung der Urzeit. Sigmund renommirt: „War es je erhört, dass der Bruder die Schwester bräutlich umfing?" Diesen ihre Liebeshändel ganz in moderner Weise durch ein Bischen Blutschande pikanter machenden „Geilheitsgöttern" Wagner's antwortet Marx: „In der Urzeit **war die Schwester die Frau, und das war sittlich.**"

Die Blutsverwandtschaftsfamilie ist ausgestorben. Selbst die rohsten Völker, von denen die Geschichte erzählt, liefern kein nachweisbares Beispiel davon. Dass sie aber bestanden haben muss, dazu zwingt uns das hawaii'sche, in ganz Polynesien noch jetzt gültige Verwandtschaftssystem, das Grade der Blutsverwandtschaft ausdrückt, wie sie nur unter dieser Familienform entstehn können; dazu zwingt uns die ganze weitere Entwicklung der Familie, die jene Form als nothwendige Vorstufe bedingt.

2. Die Punaluafamilie. Wenn der erste Fortschritt der Organisation darin bestand, Eltern und Kinder vom gegenseitigen Geschlechtsverkehr auszuschliessen, so der zweite in der Ausschliessung von Schwester und Bruder. Dieser Fortschritt war, wegen der grösseren Altersgleichheit der Betheiligten, unendlich viel wichtiger, aber auch schwieriger als der erste; er vollzog sich allmälig, anfangend mit der Ausschliessung der leiblichen Geschwister (d. h. von mütterlicher Seite) aus dem Geschlechtsverkehr, erst in einzelnen Fällen, nach und nach Regel werdend (in Hawaii kamen noch in diesem Jahrhundert Ausnahmen vor) und endend mit dem Verbot der Ehe sogar zwischen Kollateralgeschwistern, d. h. nach unserer Bezeichnung Geschwister-Kindern, -Enkeln und -Urenkeln; er bildet, nach Morgan, „eine vortreffliche Illustration davon, wie das Prinzip der natürlichen Zuchtwahl wirkt." Keine Frage, dass Stämme, bei denen die Inzucht durch diesen Fortschritt beschränkt wurde, sich rascher und voller entwickeln mussten als die, bei denen die Geschwisterehe Regel und Gebot blieb. Und wie gewaltig die Wirkung dieses Fortschritts empfunden wurde, beweist die aus ihm unmittelbar entsprungene, weit über das Ziel hinausschiessende Einrichtung der Gens, die die Grundlage der gesellschaftlichen Ordnung der meisten, wo nicht aller Barbarenvölker der Erde bildete und aus der wir in Griechenland und Rom unmittelbar in die Civilisation hinübertreten.

Jede Urfamilie musste spätestens nach ein paar Generationen sich spalten. Die ursprüngliche kommunistische Gesammthaushaltung, die bis tief in die mittlere Barbarei hinein ausnahmslos herrscht, bedingte eine, je nach den Verhältnissen wechselnde, aber an jedem Ort ziemlich bestimmte Maximalgrösse der Familiengemeinschaft. Sobald die Vorstellung von der Ungebühr des Geschlechtsverkehrs zwischen Kindern Einer Mutter aufkam, musste sie sich bei solchen Spaltungen alter und Gründung neuer Hausgemeinden (die indess nicht nothwendig mit der Familiengruppe zusammenfielen) wirksam zeigen. Eine oder mehrere Reihen von Schwestern wurden der Kern der einen, ihre leiblichen Brüder der Kern der andern. So oder ähnlich ging aus der Blutsverwandtschaftsfamilie die von Morgan Punaluafamilie genannte Form hervor. Nach der hawaii'schen Sitte waren eine Anzahl Schwestern, leibliche oder entferntere (d. h. Cousinen ersten, zweiten oder entferneren Grades) die gemeinsamen Frauen ihrer gemeinsamen Männer, wovon aber ihre Brüder ausgeschlossen; diese Männer nannten sich unter einander nun nicht mehr Brüder, was sie auch nicht mehr zu sein brauchten, sondern Punalua, d. h. intimer Genosse, gleichsam Associé. Ebenso hatte eine Reihe von leiblichen oder entferneren Brüdern eine Anzahl Frauen, nicht ihre Schwestern, in gemeinsamer Ehe, und diese Frauen nannten sich unter einander Punalua. Dies die klassische Gestalt einer Familienformation, die später eine Reihe von Variationen zuliess, und deren wesentlicher Charakterzug war: gegenseitige Gemeinschaft der Männer und Weiber innerhalb eines bestimmten Familienkreises, von dem aber die Brüder der Frauen, zuerst die leiblichen, später auch die entfernteren, und umgekehrt also auch die Schwestern der Männer ausgeschlossen waren.

Diese Familienform liefert uns nun mit der vollständigsten Genauigkeit die Verwandtschaftsgrade, wie sie das amerikanische System ausdrückt. Die Kinder der Schwestern meiner Mutter sind noch immer ihre Kinder, ebenso die Kinder der Brüder meines Vaters auch seine Kinder, und sie alle sind meine Geschwister; aber die Kinder der Brüder meiner Mutter sind jetzt ihre Neffen und Nichten, die Kinder der Schwestern meines Vaters seine Neffen und Nichten, und sie alle meine Vettern und Cousinen. Denn während die Männer der Schwestern meiner Mutter noch immer ihre Männer sind, und ebenso die Frauen der Brüder meines Vaters auch noch seine Frauen — rechtlich, wo nicht immer thatsächlich — so hat die gesellschaftliche Aechtung des Geschlechtsverkehrs zwischen Geschwistern die bisher unterschiedslos als Geschwister behandelten Geschwisterkinder in zwei Klassen getheilt: die Einen bleiben nach wie vor (entferntere) Brüder und Schwestern unter einander, die Andern, die Kinder hier des Bruders, dort der Schwester, können nicht länger Geschwister sein, sie können keine gemeinschaftlichen Eltern mehr haben, weder Vater noch Mutter noch Beide, und desshalb wird hier zum ersten Mal die Klasse der Neffen und Nichten, Vettern und Cousinen nothwendig, die unter der früheren Familienordnung unsinnig gewesen wäre. Das amerikanische Verwandtschaftssystem, das bei jeder auf irgend einer Art Einzelehe beruhenden Familienform rein widersinnig erscheint, wird durch die Punaluafamilie bis in seine kleinsten Einzelnheiten rationell erklärt und natürlich begründet. Soweit dies Verwandtschaftssystem verbreitet gewesen, genau soweit, mindestens, muss auch die Punaluafamilie bestanden haben.

Diese in Hawaii wirklich als bestehend nachgewiesene Familienform würde uns wahrscheinlich aus ganz Polynesien überliefert sein, hätten die frommen Missionare, wie weiland die spanischen Mönche in Amerika, in solchen widerchristlichen Verhältnissen etwas mehr zu sehen vermocht, als den simplen „Greuel".*) Wenn

---

*) Die Spuren unterschiedslosen Geschlechtsverkehrs, seiner s. g. „Sumpfzeugung", die Bachofen gefunden zu haben meint, führen sich, wie jetzt nicht mehr bezweifelt werden kann, auf die Punaluafamilie zurück. „Wenn Bachofen diese Punalua-Ehen „gesetzlos" findet, so fände ein Mann aus jener Periode die meisten jetzigen Ehen zwischen nahen und entfernten Vettern väterlicher oder mütterlicher Seite blutschänderisch, nämlich als Ehen zwischen blutsverwandten Geschwistern." (Marx.)

uns Cäsar von den Briten, die sich damals auf der Mittelstufe der Barbarei befanden, erzählt: „sie haben ihre Frauen je zehn oder zwölf gemeinsam unter sich, und zwar meist Brüder mit Brüdern und Eltern mit Kindern" — so erklärt sich dies am besten als Punalua-Familie. Barbarische Mütter haben nicht 10—12 Söhne, alt genug, um sich gemeinschaftliche Frauen halten zu können, aber das amerikanische Verwandschaftssystem, das der Punalua-Familie entspricht, liefert viele Brüder, weil alle nahen und entfernten Vettern eines Mannes seine Brüder sind. Das „Eltern mit Kindern" mag falsche Auffassung des Cäsar sein; dass Vater und Sohn, oder Mutter und Tochter sich in derselben Ehegruppe befinden sollten, ist indess bei diesem System nicht absolut ausgeschlossen, wohl aber Vater und Tochter, oder Mutter und Sohn. Ebenso liefert diese Familienform die leichteste Erklärung der Berichte Herodot's und anderer alter Schriftsteller über Weibergemeinschaft bei wilden und barbarischen Völkern. Punaluafamilie muss auch sein, was Watson und Kaye (The People of India) von den Tikurs in Audh (nördlich vom Ganges) erzählen: „Sie leben zusammen (d. h. geschlechtlich) fast unterschiedslos in grossen Gemeinschaften, und wenn zwei Leute als mit einander verheirathet gelten, so ist das Band doch nur nominell."

Direkt aus der Punaluafamilie hervorgegangen ist in weitaus den meisten Fällen die Institution der Gens. Zwar bietet auch das australische Klassensystem einen Ausgangspunkt dafür; die Australier haben Gentes, aber noch keine Punaluafamilie. Ihre Organisation steht jedoch zu vereinzelt, als dass wir darauf Rücksicht zu nehmen hätten.

Bei allen Formen der Gruppenfamilie ist es ungewiss, wer der Vater eines Kindes ist, gewiss aber ist, wer seine Mutter. Wenn sie auch alle Kinder der Gesammtfamilie ihre Kinder nennt und Mutterpflichten gegen sie hat, so kennt sie doch ihre leiblichen Kinder unter den Andern. Es ist also klar, dass, soweit Gruppenehe besteht, die Abstammung nur von mütterlicher Seite nachweisbar ist, also nur die weibliche

Linie anerkannt wird. Dies ist in der That bei allen wilden und der niederen Barbarenstufe angehörigen Völkern der Fall; und dies zuerst entdeckt zu haben, ist das zweite grosse Verdienst Bachofen's. Er bezeichnet diese ausschliessliche Anerkennung der Abstammungsfolge nach der Mutter und die daraus sich mit der Zeit ergebenden Erbschaftsbeziehungen mit dem Namen Mutterrecht; ich behalte diesen Namen, der Kürze wegen, bei. Er ist aber schief, denn auf dieser Gesellschaftsstufe ist von Recht im juristischen Sinne noch nicht die Rede.

Nehmen wir nun aus der Punalua-Familie die eine der beiden Mustergruppen, nämlich die einer Reihe von leiblichen und entfernteren (d. h. im ersten, zweiten oder entfernteren Grad von leiblichen Schwestern abstammenden) Schwestern, zusammt ihren Kindern und ihren leiblichen oder entfernteren Brüdern von mütterlicher Seite (die nach unserer Voraussetzung nicht ihre Männer sind), so haben wir genau den Umkreis der Personen, die später als Mitglieder einer Gens, in der Urform dieser Institution erscheinen. Sie haben alle eine gemeinsame Stammmutter, kraft der Abstammung von welcher die weiblichen Nachkommen generationsweise Schwestern sind. Die Männer dieser Schwestern können aber nicht mehr ihre Brüder sein, also nicht von dieser Stammmutter abstammen, gehören also nicht in die Blutsverwandtschaftsgruppe, die spätere Gens; ihre Kinder aber gehören in diese Gruppe, da Abstammung von mütterlicher Seite allein entscheidend, weil allein gewiss ist. Sobald die Aechtung des Geschlechtsverkehrs zwischen allen Geschwistern, auch den entferntesten Kollateralverwandten mütterlicher Seite, einmal feststeht, hat sich auch obige Gruppe in eine Gens verwandelt, d. h. sich konstituirt als ein fester Kreis von Blutsverwandten weiblicher Linie, die unter einander nicht heirathen dürfen, und der von nun an sich mehr und mehr durch andre gemeinsame Einrichtungen gesellschaftlicher und religiöser Art befestigt und von den andern Gentes desselben Stammes unterscheidet. Darüber ausführlich später. Wenn wir aber finden, wie nicht nur nothwendig, sondern sogar selbstverständlich die Gens aus der Punaluafamilie sich entwickelt, so sind wir gezwungen, das ehemalige Bestehen dieser Familienform als fast sicher anzunehmen für alle Völker, bei denen Gentilinstitutionen nachweisbar sind, d. h. so ziemlich für alle Barbaren und Kulturvölker.

3. Die Paarungsfamilie. Eine gewisse Paarung, für kürzere oder längere Zeit, fand bereits unter der Punaluafamilie oder noch früher statt; der Mann hatte eine Hauptfrau (man kann noch kaum sagen Lieblingsfrau) unter den vielen Frauen, und er war für sie der hauptsächlichste Ehemann unter den andern. Dieser Umstand hat nicht wenig beigetragen zu der Konfusion bei den Missionaren, die in der Punaluafamilie bald regellose Weibergemeinschaft, bald willkürlichen Ehebruch sehen. Eine solche gewohnheitsmässige Paarung musste aber mehr und mehr sich befestigen, je mehr die Gens sich ausbildete und je zahlreicher die Klassen von „Brüdern" und „Schwestern" wurden, zwischen denen Heirath nun unmöglich war. Der durch die Gens gegebene Anstoss der Verhinderung der Heirath zwischen Blutsverwandten trieb noch weiter. So finden wir, dass bei den Irokesen und den meisten andern auf der Unterstufe der Barbarei stehenden Indianern die Ehe verboten ist zwischen allen Verwandten, die ihr System aufzählt, und das sind mehrere hundert Arten. Bei dieser wachsenden Verwicklung der Eheverbote wurden Gruppenehen mehr und mehr unmöglich; sie wurden verdrängt durch die Paarungsfamilie. Auf dieser Stufe lebt ein Mann mit einer Frau zusammen, jedoch so, dass Vielweiberei und gelegentliche Untreue Recht der Männer bleibt, wenn erstere auch aus ökonomischen Gründen selten vorkommt; während von den Weibern für die Dauer des Zusammenlebens meist strengste Treue verlangt und ihr Ehebruch grausam bestraft wird. Das Eheband ist aber von jedem Theil leicht löslich und die Kinder gehören nach wie vor der Mutter allein.

Auch in dieser immer weiter getriebenen Ausschliessung der Blutsverwandten vom Eheband wirkt die natürliche Zuchtwahl fort. In Morgan's Worten: „Die Ehen zwischen nicht-blutsverwandten Gentes erzeugen eine kräftigere Race, physisch wie geistig; zwei fortschreitende Stämme vermischten sich, und die neuen Schädel und Hirne erweiterten sich naturgemäss, bis sie die Fähigkeiten Beider umfassten." Stämme mit Gentilverfassung mussten so über die Zurückgebliebenen die Oberhand gewinnen oder sie durch ihr Beispiel mit sich ziehn.

Die Entwicklung der Familie in der Urgeschichte besteht somit in der fortwährenden Verengerung des, ursprünglich den ganzen Stamm umfassenden Kreises, innerhalb dessen eheliche Gemeinschaft zwischen den beiden Geschlechtern herrscht. Durch fortgesetzte Ausschliessung erst näherer, dann immer entfernterer Verwandten, zuletzt selbst blos angeheiratheter, wird endlich jede Art von Gruppenehe praktisch unmöglich, und es bleibt schliesslich das Eine, einstweilen noch lose verbundene Paar übrig, das Molekül, mit dessen Auflösung die Ehe überhaupt aufhört. Schon hieraus zeigt sich, wie wenig die individuelle Geschlechtsliebe im heutigen Sinn des Worts mit der Entstehung der Einzelehe zu thun hatte. Noch mehr beweist dies die Praxis aller Völker, die auf dieser Stufe stehn. Während in früheren Familienformen die Männer nie um Frauen verlegen zu sein brauchten, im Gegentheil ihrer eher mehr als genug hatten, wurden Frauen jetzt selten und gesucht. Daher beginnt mit der Paarungsehe der Raub und der Kauf von Frauen — weitverbreitete Symptome, aber weiter auch nichts, einer eingetretenen viel tiefer liegenden Veränderung, welche Symptome, blosse Methoden sich Frauen zu verschaffen, der pedantische Schotte Mac Lennan indess als „Raubehe" und „Kaufehe" in besondere Familienklassen umgedichtet hat. Auch sonst, bei den amerikanischen Indianern und anderswo (auf gleicher Stufe) ist die Eheschliessung Sache nicht der Betheiligten, die oft gar nicht gefragt werden, sondern ihrer Mütter. Oft werden so zwei einander ganz Unbekannte verlobt und erst von dem abgeschlossenen Handel in Kenntniss gesetzt, wenn die Zeit zum Heirathen heranrückt. Vor der Hochzeit macht der Bräutigam den

Gentilverwandten der Braut (also ihren mütterlichen, nicht dem Vater und seiner Verwandtschaft) Geschenke, die als Kaufgaben für das abgetretene Mädchen gelten. Die Ehe bleibt löslich nach dem Belieben eines jeden der beiden Verheiratheten: doch hat sich nach und nach bei vielen Stämmen, z. B. den Irokesen, eine solchen Trennungen abgeneigte öffentliche Meinung gebildet; bei Streitigkeiten treten die Gentilverwandten beider Theile vermittelnd ein, und erst, wenn dies nicht fruchtet, findet Trennung statt, wobei die Kinder der Frau verbleiben, und wonach es jedem Theil freisteht, sich neu zu verheirathen.

Die Paarungsfamilie, selbst zu schwach und zu unbeständig, um einen eigenen Haushalt zum Bedürfniss oder nur wünschenswerth zu machen, löst die aus früherer Zeit überlieferte kommunistische Haushaltung keineswegs auf. Kommunistischer Haushalt bedeutet aber Herrschaft der Weiber im Hause, wie ausschliessliche Anerkennung einer leiblichen Mutter bei Unmöglichkeit, einen leiblichen Vater mit Gewissheit zu kennen, hohe Achtung der Weiber, d. h. der Mütter, bedeutet. Es ist eine der absurdesten, aus der Aufklärung des 18. Jahrhunderts überkommenen Vorstellungen, das Weib sei im Anfang der Gesellschaft Sklavin des Mannes gewesen. Das Weib hat bei allen Wilden und allen Barbaren der Unter- und Mittelstufe, theilweise noch der Oberstufe, eine nicht nur freie, sondern hochgeachtete Stellung. Was es noch in der Paarungsehe ist, möge Arthur Wright, langjähriger Missionar unter den Seneka-Irokesen, bezeugen: „Was ihre Familien betrifft, zur Zeit, wo sie noch die alten langen Häuser (kommunistische Haushaltungen mehrerer Familien) bewohnten, . . . so herrschte dort immer ein Clan (eine Gens) vor, so dass die Weiber ihre Männer aus den andern Clans (Gentes) nahmen. . . . Gewöhnlich beherrschte der weibliche Theil das Haus; die Vorräthe waren gemeinsam; wehe aber dem unglücklichen Ehemann oder Liebhaber, der zu träge oder zu ungeschickt war, seinen Theil zum gemeinsamen Vorrath beizutragen. Einerlei wie viel Kinder oder wie viel Eigenbesitz er im Hause hatte, jeden Augenblick konnte er des Befehls gewärtig sein, sein Bündel zu schnüren und sich zu trollen. Und er durfte nicht versuchen, dem zu widerstehn; das Haus wurde ihm zu heiss gemacht, es blieb ihm nichts als zu seinem eignen Clan (Gens) zurückzukehren oder aber, was meist der Fall, eine neue Ehe in einem andern Clan aufzusuchen. Die Weiber waren die grosse Macht in den Clans (Gentes) und auch sonst überall. Gelegentlich kam es ihnen nicht darauf an, einen Häuptling abzusetzen und zum gemeinen Krieger zu degradiren." — Die kommunistische Haushaltung, in der die Weiber meist oder alle einer und derselben Gens angehören, die Männer aber auf verschiedene Gentes sich vertheilen, ist die sachliche Grundlage jener in der Urzeit allgemein verbreiteten Vorherrschaft der Weiber, die ebenfalls entdeckt zu haben ein drittes Verdienst Bachofen's ist. — Nachträglich bemerke ich noch, dass die Berichte der Reisenden und Missionare über Belastung der Weiber mit übermässiger Arbeit bei Wilden und Barbaren dem Gesagten keineswegs widersprechen. Die Theilung der Arbeit zwischen beiden Geschlechtern wird bedingt durch ganz andre Ursachen als die Stellung der Frau in der Gesellschaft Völker, bei denen die Weiber weit mehr arbeiten müssen, als ihnen nach unsrer Vorstellung gebührt, haben vor den Weibern oft weit mehr wirkliche Achtung, als unsere Europäer. Die Dame der Civilisation, von Scheinhuldigungen umgeben und aller wirklichen Arbeit entfremdet, hat eine unendlich niedrigere gesellschaftliche Stellung als das hart arbeitende Weib der Barbarei, das in seinem Volk für eine wirkliche Dame (lady, frowa, Frau — Herrin) galt und auch eine solche ihrem Charakter nach war.

Ob die Paarungsehe in Amerika heute die Punaluafamilie gänzlich verdrängt hat, müssen nähere Untersuchungen über die noch auf der Oberstufe der Wildheit stehenden nordwestlichen und südamerikanischen Völker entscheiden. Jedenfalls sind noch nicht alle Spuren davon verschwunden. Bei wenigstens vierzig nordamerikanischen Stämmen hat der Mann, der eine älteste Schwester heirathet, das Recht, alle ihre Schwestern ebenfalls zu Frauen zu nehmen, sobald sie das erforderliche Alter erreichen: Rest der Gemeinsamkeit der Männer für die ganze Reihe von Schwestern. Und von den Halbinsel-Kaliforniern (Oberstufe der Wildheit) erzählt Bancroft, dass sie gewisse Festlichkeiten haben, wo mehrere Stämme zusammenkommen zum Zweck des unterschiedslosen geschlechtlichen Verkehrs. Es sind offenbar Gentes, die in diesen Festen die dunkle Erinnerung bewahren an die Zeit, wo die Frauen Einer Gens alle Männer der andern zu ihren gemeinsamen Ehemännern hatten und umgekehrt. Aehnliche Reste aus der alten Welt sind bekannt genug, so die Preisgebung der phönizischen Mädchen im Tempel an den Festen der Astaroth; selbst das mittelalterliche Recht der ersten Nacht, das trotz neuromantischer deutscher Weisswaschungen eine sehr handfeste Existenz gehabt hat, ist ein vermuthlich durch die keltische Gens (den Clan) überliefertes Stück Punaluafamilie.

Die Paarungsfamilie entsprang an der Grenze zwischen Wildheit und Barbarei, meist schon auf der Oberstufe der Wildheit, hier und da erst auf der Unterstufe der Barbarei. Sie ist die charakteristische Familienform für die Barbarei, wie die Gruppenehe für die Wildheit und die Monogamie für die Civilisation. Um sie zur festen Monogamie weiter zu entwickeln, bedurfte es andrer Ursachen, als derjenigen, die wir bisher wirkend fanden. Die Gruppe war in der Paarung bereits auf ihre letzte Einheit, ihr Molekül, herabgebracht: auf einen Mann und eine Frau. Die Naturzüchtung hatte in der immer weiter geführten Ausschliessung von der Ehegemeinschaft ihr Werk vollbracht; in dieser Richtung blieb nichts mehr für sie zu thun. Kamen also nicht neue, gesellschaftliche Triebkräfte in Wirksamkeit, so war kein Grund vorhanden, warum aus der Paarung eine neue Familienform hervorgehn sollte. Aber diese Triebkräfte traten in Wirksamkeit.

Wir verlassen jetzt Amerika, den klassischen Boden der Paarungsfamilie. Kein Anzeichen lässt schliessen, dass dort eine höhere Familienform sich entwickelt, dass dort vor der Entdeckung und Eroberung jemals irgendwo feste Monogamie bestanden habe. Anders in der alten Welt.

Hier hatte die Zähmung der Hausthiere und die Züchtung von Heerden eine bisher ungeahnte Quelle des Reichthums entwickelt und ganz neue gesellschaftliche Verhältnisse geschaffen. Bis auf die Unterstufe der Barbarei hatte der ständige Reichthum bestanden fast nur in dem Haus, der Kleidung, rohem Schmuck und den Werkzeugen zur Erringung und Bereitung der Nahrung: Boot, Waffen, Hausrath einfachster Art. Die Nahrung musste Tag um Tag neu errungen werden. Jetzt, mit den Heerden der Pferde, Kamele, Esel, Rinder, Schafe, Ziegen und Schweine hatten die vordringenden Hirtenvölker — die Arier im indischen Fünfstromland und Gangesgebiet wie in den damals noch weit wasserreicheren Steppen am Oxus und Jaxartes; die Semiten am Euphrat und Tigris — einen Besitz erworben, der nur der Aufsicht und rohesten Pflege bedurfte, um sich in stets vermehrter Zahl fortzupflanzen und die reichlichste Nahrung an Milch und Fleisch zu liefern. Alle früheren Mittel der Nahrungsbeschaffung traten nun in den Hintergrund; die Jagd, früher eine Nothwendigkeit, wurde nun ein Luxus.

Wem gehörte aber dieser neue Reichthum? Unzweifelhaft ursprünglich der Gens. Aber schon früh muss sich Privateigenthum an den Heerden entwickelt haben. Es ist schwer zu sagen, ob dem Verfasser des s. g. ersten Buchs Mosis der Vater Abraham erschien als Besitzer seiner Heerden kraft eignen Rechts oder kraft seiner Eigenschaft als thatsächlich erblicher Vorsteher einer Gens. Sicher ist nur, dass wir ihn uns nicht als Eigenthümer im modernen Sinn vorstellen dürfen. Und sicher ist ferner, dass wir an der Schwelle der beglaubigten Geschichte die Heerden schon überall in Privateigenthum einzelner Familienvorstände finden, ganz wie die Kunsterzeugnisse der Barbarei, Metallgeräth, Luxusartikel und endlich das Menschenvieh — die Sklaven.

Denn jetzt war auch die Sklaverei erfunden. Dem

Barbaren der Unterstufe war der Sklave werthlos. Daher auch die amerikanischen Indianer mit den besiegten Feinden ganz anders verfuhren als auf höherer Stufe geschah. Die Männer wurden getödtet oder aber in den Stamm der Sieger als Brüder aufgenommen; die Weiber wurden geheirathet oder sonst mit ihren überlebenden Kindern ebenfalls adoptirt. Die menschliche Arbeitskraft liefert auf dieser Stufe noch keinen beachtenswerthen Ueberschuss über ihre Unterhaltskosten. Mit der Einführung der Viehzucht, der Metallbearbeitung, der Weberei und endlich des Feldbaus wurde das anders. Wie die früher so zahlreichen Gattinnen jetzt einen Werth bekommen hatten und gekauft wurden, so geschah es mit den Arbeitskräften, besonders seitdem die Heerden endgültig in Privatbesitz übergegangen waren. Die Familie vermehrte sich nicht ebenso rasch wie das Vieh. Mehr Leute wurden erfordert, es zu beaufsichtigen; dazu liess sich der kriegsgefangne Feind benutzen, der sich ausserdem ebensogut fortzüchten liess wie das Vieh selbst.

Solche Reichthümer, sobald sie einmal in Privatbesitz übergegangen und dort rasch vermehrt, gaben der auf Paarungsehe und Gens gegründeten Gesellschaft einen mächtigen Stoss. Die Paarungsehe hatte ein neues Element in die Familie eingeführt. Neben die leibliche Mutter hatte sie den beglaubigten leiblichen Vater gestellt, der noch dazu wahrscheinlich besser beglaubigt war als gar manche „Väter" heutzutage. Nach der damaligen Arbeitstheilung in der Familie fiel dem Mann die Beschaffung der Nahrung und der hiezu nöthigen Arbeitsmittel, also auch das Eigenthum an diesen letzteren zu; er nahm sie mit, im Fall der Scheidung, wie die Frau ihren Hausrath behielt. Nach dem Brauch der damaligen Gesellschaft also war der Mann auch Eigenthümer der neuen Nahrungsquelle, des Viehs und später des neuen Arbeitsmittels, der Sklaven. Nach dem Brauch derselben Gesellschaft aber konnten seine Kinder nicht von ihm erben, denn damit stand es folgendermassen.

Nach Mutterrecht, also so lange Abstammung nur in weiblicher Linie gerechnet wurde und nach dem ursprünglichen Erbgebrauch in der Gens erbten anfänglich die Gentilverwandten von ihrem verstorbenen Gentilgenossen. Das Vermögen musste in der Gens bleiben. Bei der Unbedeutendheit der Gegenstände mag es von jeher in der Praxis an die nächsten Gentilverwandten, also an die Agnaten mütterlicher Seite, übergegangen sein. Die Kinder des verstorbenen Mannes aber gehörten nicht seiner Gens an, sondern der ihrer Mutter; sie erbten zuerst mit den übrigen Agnaten der Mutter, später vielleicht in erster Linie von dieser, aber von ihrem Vater konnten sie nicht erben, weil sie nicht zu seiner Gens gehörten, sein Vermögen aber in dieser bleiben musste. Bei dem Tode des Heerdenbesitzers wären also seine Heerden übergegangen zunächst an seine Brüder und Schwestern und an die Kinder seiner Schwestern, oder an die Nachkommen der Schwestern seiner Mutter. Seine eigenen Kinder aber waren enterbt.

In dem Verhältniss also wie die Reichthümer sich mehrten, gaben sie einerseits dem Mann eine wichtigere Stellung in der Familie als der Frau, und erzeugten andrerseits den Antrieb, diese verstärkte Stellung zu benutzen, um die hergebrachte Erbfolge zu Gunsten der Kinder umzustossen. Dies ging aber nicht, so lange die Abstammung nach Mutterrecht galt. Diese also musste umgestossen werden und sie wurde umgestossen. Es war dies gar nicht so schwer, wie es uns heute erscheint. Denn diese Revolution — eine der einschneidendsten, die die Menschen erlebt haben — brauchte nicht ein einziges der lebenden Mitglieder einer Gens zu berühren. Alle ihre Angehörigen konnten nach wie vor bleiben, was sie gewesen. Der einfache Beschluss genügte, dass in Zukunft die Nachkommen der männlichen Genossen in der Gens bleiben, die der weiblichen aber ausgeschlossen sein sollten, indem sie in die Gens ihres Vaters übergingen. Damit war die Abstammungsrechnung in weiblicher Linie und das mütterliche Erbrecht umgestossen, männliche Abstammungslinie und väterliches Erbrecht eingesetzt. Wie sich diese Revolution bei den Kulturvölkern gemacht hat, und wann, darüber wissen wir nichts. Sie fällt ganz in die vorgeschichtliche Zeit. Dass sie sich aber gemacht, ist mehr als nöthig erwiesen durch die namentlich von Bachofen gesammelten reichlichen Spuren von Mutterrecht, und wie leicht sie sich vollzieht, sehen wir an einer ganzen Reihe von Indianerstämmen, wo sie erst neuerdings gemacht worden ist und noch gemacht wird, unter dem Einfluss theils wachsenden Reichthums und veränderter Lebensweise (Versetzung aus den Wäldern in die Prairie), theils moralischer Einwirkungen der Civilisation und der Missionare. Von acht Missouristämmen haben sechs männliche, aber zwei noch weibliche Abstammungslinie und Erbfolge. Bei den Shawnees, Miamies und Delawares ist die Sitte eingerissen, die Kinder durch einen der Gens des Vaters gehörigen Gentilnamen in diese zu versetzen, damit sie vom Vater erben können. „Eingeborne Kasuisterei des Menschen, die Dinge zu ändern, indem man ihre Namen ändert! Und Schlupfwinkel zu finden, um innerhalb der Tradition die Tradition zu durchbrechen, wo ein direktes Interesse den hinreichenden Antrieb gab!" (Marx.) Dadurch entstand heillose Verwirrung, der nur abzuhelfen war, und theilweise auch abgeholfen wurde, durch Uebergang zum Vaterrecht. „Dies scheint überhaupt der natürlichste Uebergang." (Marx.)

Der Umsturz des Mutterrechts war die **weltgeschichtliche Niederlage des weiblichen Geschlechts**. Der Mann ergriff das Steuer auch im Hause, die Frau wurde entwürdigt, geknechtet, Sklavin seiner Lust und blosses Werkzeug der Kinderzeugung. Diese erniedrigte Stellung der Frau, wie sie namentlich bei den Griechen der heroischen und klassischen Zeit offen hervortritt, ist allmälig beschönigt und verheuchelt, auch stellenweise in mildere Formen gekleidet worden; beseitigt ist sie keineswegs.

Die erste Wirkung der nun begründeten Alleinherrschaft der Männer zeigt sich in der jetzt auftauchenden Zwischenform der patriarchalischen Familie. Was sie hauptsächlich bezeichnet, ist nicht die Vielweiberei, wovon später, sondern die Organisation einer Anzahl von freien und unfreien Personen zu einer

Familie unter der väterlichen Gewalt des Familienhaupts. In der semitischen Form lebt dies Familienhaupt in Vielweiberei, die Unfreien haben Weib und Kinder, und der Zweck der ganzen Organisation ist die Wartung von Heerden auf einem abgegränzten Gebiet". Das Wesentliche ist die Einverleibung von Unfreien und die väterliche Gewalt; daher ist der vollendete Typus dieser Familienform die römische Familie. Das Wort familia bedeutet ursprünglich nicht das aus Sentimentalität und häuslichem Zwist zusammengesetzte Ideal des heutigen Philisters; es bezieht sich bei den Römern anfänglich gar nicht einmal auf das Ehepaar und dessen Kinder, sondern auf die Sklaven allein. Famulus heisst ein Haussklave, und familia ist die Gesammtheit der einem Mann gehörenden Sklaven. Noch zu Gajus Zeit wurde die familia, id est patrimonium (d. h. das Erbtheil) testamentarisch vermacht. Der Ausdruck wurde von den Römern erfunden, um einen neuen gesellschaftlichen Organismus zu bezeichnen, dessen Haupt Weib und Kinder und eine Anzahl Sklaven unter römischer väterlicher Gewalt, mit dem Recht über Tod und Leben Aller, unter sich hatte. „Das Wort ist also nicht älter als das eisengepanzerte Familiensystem der latinischen Stämme, welches aufkam nach Einführung des Feldbaus und der gesetzlichen Sklaverei, und nach der Trennung der arischen Italer von den Griechen." Marx setzt hinzu: „Die moderne Familie enthält im Keim nicht nur Sklaverei (servitus), sondern auch Leibeigenschaft, da sie von vornherein Beziehung hat auf Dienste für Ackerbau. Sie enthält in Miniatur alle die Gegensätze in sich, die sich später breit entwickeln in der Gesellschaft und in ihrem Staat."

Eine solche Familienform zeigt den Uebergang der Paarungsehe in die Monogamie. Um die Treue der Frau, also die Vaterschaft der Kinder, sicher zu stellen, wird die Frau der Gewalt des Mannes unbedingt überliefert: wenn er sie tödtet, so übt er nur sein Recht aus.

Ehe wir zu der mit dem Sturz des Mutterrechtes sich rasch entwickelnden Monogamie übergehn, noch ein paar Worte über Vielweiberei und Vielmännerei.

Beide Eheformen können nur Ausnahmen sein, sozusagen geschichtliche Luxusprodukte, es sei denn, sie kämen in einem Lande neben einander vor, was bekanntlich nicht der Fall ist. Da also die von der Vielweiberei ausgeschlossenen Männer sich nicht bei den von der Vielmännerei übriggebliebenen Weibern trösten können, die Anzahl von Männern und Weibern aber ohne Rücksicht auf soziale Institutionen bisher ziemlich gleich war, ist die Erhebung der einen wie der andern dieser Eheformen zur allgemein geltenden von selbst ausgeschlossen. In der That war die exklusive Vielweiberei Eines Mannes offenbar Produkt der Sklaverei und beschränkt auf einzelne Ausnahmsstellungen. In der semitisch-patriarchalischen Familie lebt nur der Patriarch selbst, und höchstens noch ein paar seiner Söhne, in Vielweiberei, die übrigen müssen sich mit Einer Frau begnügen. So ist es noch heute im ganzen Orient; die Vielweiberei ist ein Privilegium der Reichen und Vornehmen und rekrutirt sich hauptsächlich durch Kauf von Sklavinnen; die Masse des Volks lebt in Monogamie. Eine ebensolche Ausnahme ist die Vielmännerei in Indien und Tibet, deren sicher nicht uninteressanter Ursprung aus der Punaluafamilie noch näher zu untersuchen ist. In ihrer Praxis scheint sie übrigens viel coulanter als die eifersüchtige Haremswirthschaft der Muhamedaner. Wenigstens haben bei den Nairs in Indien je drei, vier oder mehr Männer zwar eine gemeinsame Frau; aber jeder von ihnen kann daneben mit drei oder mehr andern Männern eine zweite Frau in Gemeinschaft haben, und so eine dritte, vierte u. s. w. Es ist ein Wunder, dass MacLennan in diesen Eheclubs, in deren Mehreren man Mitglied sein kann und die er selbst beschreibt, nicht die neue Klasse der Clubehe entdeckt hat.

4. Die monogamische Familie. Sie entsteht aus der Paarungsfamilie, wie gezeigt, im Grenzzeitalter zwischen der mittleren und oberen Stufe der Barbarei; ihr endgültiger Sieg ist eins der Kennzeichen der beginnenden Civilisation. Sie ist gegründet auf die Herrschaft des Mannes mit dem ausdrücklichen Zweck der

Erzeugung von Kindern mit unbestrittener Vaterschaft, und diese Vaterschaft wird erfordert, weil diese Kinder als Leibeserben in das väterliche Vermögen dereinst eintreten sollen. Sie unterscheidet sich von der Paarungsehe durch weit grössere Festigkeit des Ehebandes, das nun nicht mehr nach beiderseitigem Gefallen lösbar ist. Es ist jetzt in der Regel nur noch der Mann, der es lösen und seine Frau verstossen kann. Das Recht der ehelichen Untreue bleibt ihm auch jetzt wenigstens noch durch die Sitte gewährleistet (der Code Napoléon schreibt es dem Mann ausdrücklich zu, so lange er nicht die Beischläferin in's eheliche Haus bringt) und wird mit steigender gesellschaftlicher Entwicklung immer mehr ausgeübt; erinnert sich die Frau der alten geschlechtlichen Praxis und will sie erneuern, so wird sie strenger bestraft als je vorher.

In ihrer ganzen Härte tritt uns die neue Familienform entgegen bei den Griechen. Während, wie Marx bemerkt, die Stellung der Göttinnen in der Mythologie uns eine frühere Periode vorführt, wo die Frauen noch eine freiere, geachtetere Stellung hatten, finden wir zur Heroenzeit die Frau in einer halbgefänglichen Abgeschlossenheit, um die richtige Vaterschaft der Kinder sicher zu stellen. Der Mann dagegen vergnügt sich mit kriegsgefangnen Sklavinnen, seinen Zeltgenossinnen im Kriege. Kaum besser in der klassischen Periode. Man kann in Becker's Charikles des Breiteren nachlesen, wie die Griechen ihre Frauen behandelten. Wenn nicht gerade eingeschlossen, so doch abgeschlossen von der Welt, waren sie die obersten Hausmägde ihrer Männer geworden, beschränkt auf den Verkehr vornehmlich der übrigen Hausmägde. Die Mädchen wurden direkt eingeschlossen, die Frauen gingen nur aus in Begleitung von Sklavinnen. Kam Männerbesuch, so zog sich die Frau in ihr Gemach zurück. Trotzdem fanden die Griechinnen oft genug Gelegenheit, ihre Männer zu täuschen. Diese, die sich geschämt hätten, irgend welche Liebe für ihre Frauen zu verrathen, amüsirten sich in allerlei Liebeshändeln mit Hetären; aber die Entwürdigung der Frauen rächte sich an den

Männern und entwürdigte auch sie, bis sie versanken in die Widerwärtigkeit der Knabenliebe und ihre Götter entwürdigten wie sich selbst durch den Mythus von Ganymed.

Das war der Ursprung der Monogamie, soweit wir ihn beim civilisirtesten und am höchsten entwickelten Volk des Alterthums verfolgen können. Sie war keineswegs eine Frucht der individuellen Geschlechtsliebe, mit der sie absolut nichts zu schaffen hatte, da die Ehen nach wie vor Convenienzehen blieben. Sie war die erste Familienform, die nicht auf natürliche, sondern auf gesellschaftliche Bedingungen gegründet war. Herrschaft des Mannes in der Familie und Erzeugung von Kindern, die nur die seinigen sein konnten und die zu Erben seines Reichthums bestimmt waren — das allein waren die von den Griechen unumwunden ausgesprochenen ausschliesslichen Zwecke der Einzelehe. Im Uebrigen war sie ihnen eine Last, eine Pflicht gegen die Götter, den Staat und die eignen Vorfahren, die eben erfüllt werden musste.

So tritt die Einzelehe keineswegs ein in die Geschichte als die Versöhnung von Mann und Weib, noch viel weniger als ihre höchste Form. Im Gegentheil. Sie tritt auf als Unterjochung des einen Geschlechts durch das andere, als Proklamation eines bisher in der ganzen Vorgeschichte unbekannten Widerstreits der Geschlechter. In einem alten, 1846 von Marx und mir ausgearbeiteten, ungedruckten Manuskript finde ich: „Die erste Theilung der Arbeit ist die von Mann und Weib zur Kinderzeugung." Und heute kann ich hinzusetzen: Der erste Klassengegensatz, der in der Geschichte auftritt, fällt zusammen mit der Entwicklung des Antagonismus von Mann und Weib in der Einzelehe, und die erste Klassenunterdrückung mit der des weiblichen Geschlechts durch das männliche. Die Einzelehe war ein grosser geschichtlicher Fortschritt, aber zugleich eröffnet sie neben der Sklaverei und dem Privatreichthum jene bis heute dauernde Epoche, in der jeder Fortschritt zugleich ein relativer Rückschritt, in dem das Wohl und die Entwicklung der Einen sich durchsetzt durch das Wehe und die Zurückdrängung der Andern. Sie ist die Zellenform der civilisirten Gesellschaft, an der wir schon die Natur der in dieser sich voll entfaltenden Gegensätze und Widersprüche studiren können.

Die alte verhältnissmässige Freiheit des Geschlechtsverkehrs verschwand keineswegs mit dem Sieg der Paarungs- oder selbst der Einzelehe. „Das alte Ehesystem, auf engere Grenzen zurückgeführt durch das allmälige Aussterben der Punaluagruppen, umgab immer noch die sich fortentwickelnde Familie und hing an ihren Schössen bis an die aufdämmernde Civilisation hinan ... es verschwand schliesslich in der neuen Form des Hetärismus, die die Menschen bis in die Civilisation hinein verfolgt, wie ein dunkler Schlagschatten, der auf der Familie ruht." Unter Hetärismus versteht Morgan den neben der Einzelehe bestehenden ausserehelichen geschlechtlichen Verkehr der Männer mit unverheiratheten Weibern, der bekanntlich während der ganzen Periode der Civilisation in den verschiedensten Formen blüht und mehr und mehr zur offenen Prostitution wird. Dieser Hetärismus, der eine gesellschaftliche Einrichtung ist wie jede andere, setzt also die alte Geschlechtsfreiheit fort — zu Gunsten der Männer. In der Wirklichkeit nicht nur geduldet, sondern namentlich von den herrschenden Klassen flott mitgemacht, wird er in der Phrase verdammt. Aber in der Wirklichkeit trifft diese Verdammung keineswegs die dabei betheiligten Männer, sondern nur die Weiber: sie werden geächtet und ausgestossen, um so nochmals die unbedingte Herrschaft der Männer über das weibliche Geschlecht als gesellschaftliches Grundgesetz zu proklamiren.

Aber man kann nicht die eine Seite des Gegensatzes haben ohne die andere, ebensowenig wie man noch einen ganzen Apfel in der Hand hat, nachdem die eine Hälfte gegessen. Trotzdem scheint dies die Meinung der Männer gewesen zu sein, bis ihre Frauen sie eines Bessern belehrten. Mit der Einzelehe treten zwei ständige gesellschaftliche Charakterfiguren auf, die früher unbekannt waren: der ständige Liebhaber der Frau und der Hahnrei. Die Männer hatten den Sieg über die Weiber errungen, aber die Krönung übernahmen grossmüthig die Besiegten. Neben der Einzelehe und dem Hetärismus wurde der Ehebruch eine unvermeidliche gesellschaftliche Einrichtung — verpönt, hart bestraft, aber ununterdrückbar. Die sichere Vaterschaft der Kinder beruhte nach wie vor höchstens auf moralischer Ueberzeugung, und um den unlöslichen Widerspruch zu lösen, dekretirte der Code Napoléon Art. 312: L'enfant conçu pendant le mariage a pour père le mari; das während der Ehe empfangene Kind hat zum Vater — den Ehemann. Das ist das letzte Resultat von dreitausend Jahren Einzelehe.

So haben wir in der Einzelfamilie, in den Fällen, die ihrer geschichtlichen Entstehung treu bleiben und den durch die ausschliessliche Herrschaft des Mannes ausgesprochnen Widerstreit von Mann und Weib klar zur Erscheinung bringen, ein Bild im Kleinen derselben Gegensätze und Widersprüche, in denen sich die seit Eintritt der Civilisation in Klassen gespaltene Gesellschaft bewegt, ohne sie auflösen und überwinden zu können. Ich spreche hier natürlich nur von jenen Fällen der Einzelehe, wo das eheliche Leben in Wirklichkeit nach Vorschrift des ursprünglichen Charakters der ganzen Einrichtung verläuft, wo die Frau aber gegen die Herrschaft des Mannes rebellirt. Dass nicht alle Ehen so verlaufen, weiss niemand besser als der deutsche Philister, der seine Herrschaft im Hause nicht besser zu wahren weiss als im Staat, und dessen Frau daher mit vollem Recht die Hosen trägt, deren er nicht werth ist. Dafür dünkt er sich aber auch weit erhaben über seinen französischen Leidensgenossen, dem, öfter als ihm selbst, weit Schlimmeres passirt.

Die Einzelfamilie trat übrigens keineswegs überall und jederzeit in der klassisch-schroffen Form auf, die sie bei den Griechen hatte. Bei den Römern, die als künftige Welteroberer einen weiteren, wenn auch weniger feinen Blick hatten als die Griechen, war die Frau freier und geachteter. Der Römer glaubte die eheliche Treue durch die Gewalt über Leben und Tod seiner Frau hinlänglich verbürgt. Auch konnte die Frau hier ebensogut wie der Mann die Ehe freiwillig lösen. Aber der grösste Fortschritt in der Entwicklung der Einzelehe geschah entschieden mit dem Eintritt der Deutschen in die Geschichte, und zwar weil bei ihnen damals die Monogamie sich noch nicht vollständig aus der Paarungsehe entwickelt zu haben scheint. Wir schliessen dies aus drei Umständen, die Tacitus erwähnt: Erstens galt bei grosser Heilighaltung der Ehe — „sie begnügen sich mit Einer Frau, die Weiber leben eingehegt durch Keuschheit" — dennoch Vielweiberei für die Vornehmen und Stammesführer, also ein Zustand ähnlich dem der Amerikaner, bei denen Paarungsehe galt. Und zweitens konnte der Uebergang von Mutterrecht zu Vaterrecht erst kurz vorher gemacht worden sein, denn noch galt der Mutterbruder — der nächste männliche Gentilverwandte nach Mutterrecht — als fast ein näherer Verwandter denn der eigne Vater, ebenfalls entsprechend dem Standpunkt der amerikanischen Indianer, bei denen Marx, wie er oft sagte, den Schlüssel zum Verständniss unserer eignen Urzeit gefunden. Und drittens waren die Frauen bei den Deutschen hoch geachtet und einflussreich auch auf öffentliche Geschäfte, was im direkten Gegensatz zur monogamischen Männerherrschaft steht. Mit den Deutschen kam also auch in dieser Beziehung ein ganz neues Element zur Weltherrschaft. Die neue Monogamie, die sich nun auf den Trümmern der Römerwelt aus der Völkermischung entwickelte, kleidete die Männerherrschaft in mildere Formen und liess den Frauen eine wenigstens äusserlich weit geachtetere und freiere Stellung als das klassische Alterthum sie je gekannt. Damit erst war die Möglichkeit gegeben, auf der sich aus der Monogamie — in ihr, neben ihr und gegen sie, je nachdem — der grösste sittliche Fortschritt entwickeln konnte, den wir ihr verdanken: die moderne individuelle Geschlechtsliebe, die der ganzen früheren Welt unbekannt war.

Dieser Fortschritt entsprang aber entschieden aus dem Umstand, dass die Deutschen noch in der Paarungsfamilie lebten, und die ihr entsprechende Stellung der Frau, soweit es anging, der Monogamie aufpfropften, keineswegs aber aus der sagenhaften, wunderbar sittenreinen Naturanlage der Deutschen, die sich darauf beschränkt, dass die Paarungsehe sich in der That nicht in den grellen sittlichen Gegensätzen bewegt wie die Monogamie. Im Gegentheil waren die Deutschen auf ihren Wanderzügen, besonders nach Südost zu den Steppennomaden am Schwarzen Meer, sittlich stark verkommen und hatten bei diesen ausser ihren Reiterkünsten auch arge widernatürliche Laster angenommen, was Ammianus von den Thaifalern und Prokop von den Herulern ausdrücklich bezeugt.

Wenn aber die Monogamie von allen bekannten Familienformen diejenige war, unter der allein sich die moderne Geschlechtsliebe entwickeln konnte, so heisst das nicht, dass sie sich ausschliesslich oder nur vorwiegend in ihr, als Liebe der Ehegatten zu einander, entwickelte. Die ganze Natur der festen Einzelehe unter Mannesherrschaft schloss das aus. Bei allen geschichtlich aktiven, d. h. bei allen herrschenden Klassen blieb die Eheschliessung, was sie seit der Paarungsehe gewesen, Sache der Konvenienz, die von den Eltern arrangirt wurde. Und die erste geschichtlich auftretende Form der Geschlechtsliebe als Leidenschaft, und als jedem Menschen (wenigstens der herrschenden Klassen) zukommende Leidenschaft, als höchste Form des Geschlechtstriebs — was gerade ihren spezifischen Charakter ausmacht — diese ihre erste Form, die ritterliche Liebe des Mittelalters, war keineswegs eine eheliche Liebe. Im Gegentheil. In ihrer klassischen Gestalt, bei den Provenzalen, steuert sie mit vollen Segeln auf den Ehebruch los und ihre Dichter feiern ihn. Die Blüte der provenzalischen Liebespoesie sind die Albas, deutsch Tagelieder. Sie schildern in glühenden Farben, wie der Ritter bei seiner Schönen — der Frau eines Andern — im Bett liegt, während draussen der Wächter steht, der ihm zuruft, sobald das erste Morgengrauen (alba) aufsteigt, damit er noch unbemerkt entweichen kann; die Trennungsscene bildet dann den Gipfelpunkt.

Die Nordfranzosen und auch die braven Deutschen nahmen diese Dichtungsart mit der ihr entsprechenden Manier der Ritterliebe ebenfalls an, und unser alter Wolfram von Eschenbach hat über denselben anzüglichen Stoff drei wunderschöne Tagelieder hinterlassen, die mir lieber sind als seine drei langen Heldengedichte. Die bürgerliche Eheschliessung unserer Tage ist doppelter Art. In katholischen Ländern besorgen nach wie vor die Eltern dem jungen Bürgerssohn eine angemessene Frau, und die Folge davon ist natürlich die vollste Entfaltung des in der Monogamie enthaltenen Widerspruchs: üppiger Hetärismus auf Seiten des Mannes, üppiger Ehebruch auf Seiten der Frau. Die katholische Kirche hat wohl auch nur desswegen die Ehescheidung abgeschafft, weil sie sich überzeugt hatte, dass gegen den Ehebruch wie gegen den Tod kein Kräutlein gewachsen ist. In protestantischen Ländern dagegen ist es Regel, dass dem Bürgerssohn erlaubt wird, sich aus seiner Klasse eine Frau mit grösserer oder geringerer Freiheit auszusuchen, wonach ein gewisser Grad von Liebe der Eheschliessung zu Grunde liegen kann und auch anstandshalber stets vorausgesetzt wird, was der protestantischen Heuchelei entspricht. Hier wird der Hetärismus des Mannes schläfriger betrieben und der Ehebruch der Frau ist weniger Regel. Da aber in jeder Art Ehe die Menschen bleiben, was sie vor der Ehe waren, und die Bürger protestantischer Länder meist Philister sind, so bringt es diese protestantische Monogamie im Durchschnitt der besten Fälle nur zur ehelichen Gemeinschaft einer bleiernen Langeweile, die man mit dem Namen Familienglück bezeichnet. Der beste Spiegel dieser beiden Heirathsmethoden ist der Roman, für die katholische Manier der französische, für die protestantische der deutsche und schwedische. In jedem von beiden „kriegt er sie": im deutschen der junge Mann das Mädchen, im französischen der Ehemann die Hörner. Welcher von beiden sich dabei schlechter steht, ist nicht immer ausgemacht. Wesshalb auch dem französischen Bourgeois die Langeweile des deutschen Romans eben denselben Schauder erregt wie die „Unsittlichkeit" des französischen Romans dem deutschen Philister. Obwohl neuerdings, seit „Berlin Weltstadt wird", der deutsche Roman anfängt, etwas weniger schüchtern in dem dort seit lange wohlbekannten Hetärismus und Ehebruch zu machen.

In beiden Fällen aber wird die Heirath bedingt durch die Klassenlage der Betheiligten und ist insofern stets Konvenienzehe. Wirkliche Regel im Verhältniss zur Frau wird die Geschlechtsliebe und kann es nur werden unter den unterdrückten Klassen, also heutzutage im Proletariat — ob dies Verhältniss nun ein offiziell konzessionirtes oder nicht. Hier sind aber auch alle Grundlagen der klassischen Monogamie beseitigt. Hier fehlt alles Eigenthum, zu dessen Bewahrung und Vererbung ja gerade die Monogamie und die Männerherrschaft geschaffen wurden, und hier fehlt damit auch jeder Antrieb, die Männerherrschaft geltend zu machen. Noch mehr, auch die Mittel fehlen; das bürgerliche Recht, das diese Herrschaft schützt, besteht nur für die Besitzenden und deren Verkehr mit den Proletariern; es kostet Geld und hat desshalb armuthshalber keine Geltung für die Stellung des Arbeiters zu seiner Frau. Da entscheiden ganz andere persönliche und gesellschaftliche Verhältnisse. Und vollends seitdem die grosse Industrie die Frau aus dem Hause auf den Arbeitsmarkt und in die Fabrik versetzt hat und sie oft genug zur Ernährerin der Familie macht, ist dem letzten Rest der Männerherrschaft in der Proletarierwohnung aller Boden entzogen — es sei denn etwa noch ein Stück der seit Einführung der Monogamie eingerissenen Brutalität gegen Frauen. So ist die Familie des Proletariers keine monogamische im strengen Sinn mehr, selbst bei der leidenschaftlichsten Liebe und festesten Treue Beider und trotz aller etwaigen geistlichen und weltlichen Einsegnung. Daher spielen auch die ewigen Begleiter der Monogamie, Hetärismus und Ehebruch, hier nur eine fast verschwindende Rolle; die Frau hat das Recht der Ehetrennung thatsächlich wieder erhalten, und wenn man sich nicht vertragen kann, geht man lieber auseinander. Kurz, die Proletarierehe ist monogamisch im etymologischen Sinn des Worts, aber durchaus nicht in seinem historischen Sinn.

Kehren wir indess zurück zu Morgan, von dem wir uns ein Beträchtliches entfernt haben. Die geschichtliche Untersuchung der während der Civilisationsperiode entwickelten gesellschaftlichen Institutionen geht über den Rahmen seines Buchs hinaus. Die Schicksale der Monogamie während dieses Zeitraums beschäftigen ihn daher nur ganz kurz. Auch er sieht in der Weiterbildung der monogamischen Familie einen Fortschritt, eine Annäherung an die volle Gleichberechtigung der Geschlechter, ohne dass er dies Ziel jedoch für erreicht hält. Aber, sagt er, „wenn die Thatsache anerkannt wird, dass die Familie vier Formen nach einander durchgemacht hat und sich jetzt in einer fünften befindet, so entsteht die Frage, ob diese Form für die Zukunft von Dauer sein kann. Die einzig mögliche Antwort ist die, dass sie fortschreiten muss wie die Gesellschaft fortschreitet, sich verändern im Mass wie die Gesellschaft sich verändert, ganz wie bisher. Sie ist das Geschöpf des Gesellschaftssystems und wird seinen Bildungsstand widerspiegeln. Da die monogamische Familie sich verbessert hat seit dem Beginn der Civilisation, und sehr merklich in der modernen Zeit, so kann man mindestens vermuthen, dass sie weiterer Vervollkommnung fähig, bis die Gleichheit beider Geschlechter erreicht ist. Sollte in entfernter Zukunft die monogamische Familie nicht im Stande sein, die Ansprüche der Gesellschaft zu erfüllen, so ist unmöglich vorherzusagen, von welcher Beschaffenheit ihre Nachfolgerin sein wird".

III. Die irokesische Gens.

Wir kommen jetzt zu einer andern Entdeckung Morgan's, die mindestens von derselben Wichtigkeit ist, wie die Rekonstruktion der Urfamilienformen aus den Verwandtschaftssystemen. Der Nachweis, dass die durch Thiernamen bezeichneten Geschlechtsverbände innerhalb eines Stammes amerikanischer Indianer wesentlich identisch sind mit den genea der Griechen, den gentes der Römer; dass die amerikanische Form die ursprüngliche, die griechisch-römische die spätere, abgeleitete ist; dass die ganze Gesellschaftsorganisation der Griechen und Römer der Urzeit in Gens, Phratrie und Stamm ihre getreue Parallele findet in der amerikanisch-indianischen; dass die Gens eine allen Barbaren bis zu ihrem Eintritt in die Civilisation, und selbst noch nachher, gemeinsame Einrichtung ist (soweit unsere Quellen bis jetzt reichen) — dieser Nachweis hat mit einem Schlag die schwierigsten Partien der ältesten griechischen und römischen Geschichte aufgeklärt, und uns gleichzeitig über die Grundzüge der Gesellschaftsverfassung der Urzeit — vor Einführung des Staats — ungeahnte Aufschlüsse gegeben. So einfach die Sache auch aussieht, sobald man sie einmal kennt, so hat Morgan sie doch erst in der letzten Zeit entdeckt; in seiner vorhergehenden, 1871 erschienenen Schrift war er noch nicht hinter dies Geheimniss gekommen, dessen Enthüllung seitdem die sonst so zuversichtlichen englischen Urhistoriker mäuschenstill gemacht hat.

Das lateinische Wort gens, welches Morgan allgemein für diesen Geschlechtsverband anwendet, kommt wie das griechische gleichbedeutende genos von der allgemein-arischen Wurzel gan (deutsch, wo nach der Regel k für arisches g stehn muss, kan), welche erzeugen bedeutet. Gens, genos, sanskrit dschanas, gothisch (nach der obigen Regel) kuni, altnordisch und angelsächsisch kyn, englisch kin, mittelhochdeutsch künne bedeuten gleichmässig Geschlecht, Abstammung. Gens im Lateinischen, genos im Griechischen, wird aber speziell für jenen Geschlechtsverband gebraucht, der sich gemeinsamer Abstammung (hier von einem gemeinsamen Stammvater) rühmt und durch gewisse gesellschaftliche und religiöse Einrichtungen zu einer besondern Gemeinschaft verknüpft ist, dessen Entstehung und Natur trotzdem allen unsern Geschichtschreibern bis jetzt dunkel blieb.

Wir haben schon oben, bei der Punaluafamilie, gesehn, was die Zusammensetzung einer Gens in der ursprünglichen Form ist. Sie besteht aus allen Personen, die vermittelst der Punaluaehe und nach den in ihr mit Nothwendigkeit herrschenden Vorstellungen die anerkannte Nachkommenschaft einer bestimmten einzelnen Stammmutter, der Gründerin der Gens, bilden. Da in dieser Familienform die Vaterschaft ungewiss, gilt nur weibliche Linie. Da die Brüder ihre Schwestern nicht heirathen dürfen, sondern nur Frauen andrer Abstammung, so fallen die mit diesen fremden Frauen erzeugten Kinder nach Mutterrecht ausserhalb der Gens. Es bleiben also nur die Nachkommen der Töchter jeder Generation innerhalb des Geschlechtsverbandes; die der Söhne gehn über in die Gentes ihrer Mütter. Was wird nun aus dieser Blutsverwandtschaftsgruppe, sobald sie sich als besondre Gruppe, gegenüber ähnlichen Gruppen innerhalb eines Stammes, konstituirt?

Als klassische Form dieser ursprünglichen Gens nimmt Morgan die der Irokesen, speziell des Senekastammes. Bei diesem gibt es acht Gentes, nach Thieren benannt: 1) Wolf, 2) Bär, 3) Schildkröte, 4) Biber, 5) Hirsch, 6) Schnepfe, 7) Reiher, 8) Falke. In jeder Gens herrscht folgender Brauch:

1. Sie erwählt den Sachem (Friedensvorsteher) und Häuptling (Kriegsanführer). Der Sachem muss aus der Gens selbst gewählt werden und sein Amt war erblich in ihr, insofern es bei Erledigung sofort neu besetzt werden musste; der Kriegsanführer konnte auch ausserhalb der Gens gewählt werden und zeitweise ganz fehlen. Zum Sachem wurde nie der Sohn des vorigen gewählt, da bei den Irokesen Mutterrecht herrschte, der Sohn also einer andern Gens angehörte; wohl aber und oft, der Bruder oder Schwestersohn. Bei der Wahl stimmten Alle mit, Männer und Weiber. Die Wahl musste aber von den übrigen sieben Gentes bestätigt werden, und dann erst wurde der Gewählte feierlich eingesetzt, und zwar durch den gemeinsamen Rath des ganzen Irokesenbundes. Die Bedeutung hiervon wird sich später zeigen. Die Gewalt des Sachem innerhalb der Gens war väterlich, rein moralischer Natur; Zwangsmittel hatte er nicht. Daneben war er von Amts wegen Mitglied des Stammesraths der Senecas wie des Bundesraths der Gesammtheit der Irokesen. Der Kriegshäuptling hatte nur auf Kriegszügen etwas zu befehlen.

2. Sie setzt den Sachem und Kriegshäuptling nach Belieben ab. Dies geschieht wieder von Männern und Weibern zusammen. Die Abgesetzten sind nachher einfache Krieger wie die andern, Privatpersonen. Der Stammesrath kann übrigens auch Sachems absetzen, selbst gegen den Willen der Gens.

3. Kein Mitglied darf innerhalb der Gens heirathen. Dies ist die Grundregel der Gens, das Band, das sie zusammenhält; es ist der negative Ausdruck der sehr positiven Blutsverwandtschaft, kraft deren die in ihr einbegriffenen Individuen erst eine Gens werden. Durch die Entdeckung dieser einfachen Thatsache hat Morgan die Natur der Gens zum ersten Mal enthüllt. Wie wenig die Gens bisher verstanden wurde, beweisen die früheren Berichte über Wilde und Barbaren, wo die verschiedenen Körperschaften, aus denen die Gentilordnung sich zusammensetzt, unbegriffen und ununterschieden als Stamm, Clan, Thum u. s. w. durcheinander geworfen wurden, und von diesen zuweilen gesagt wird,

dass die Heirath innerhalb einer solchen Körperschaft verboten sei. Damit war denn die rettungslose Konfusion gegeben, in der Herr MacLennan als Napoleon auftreten und Ordnung schaffen konnte, durch den Machtspruch: Alle Stämme theilen sich in solche, innerhalb deren die Ehe verboten ist (exogame) und solche, in denen sie erlaubt (endogame). Und nachdem er so die Sache erst recht gründlich verfahren, konnte er sich in den tiefsinnigsten Untersuchungen ergehen, welche von seinen beiden abgeschmackten Klassen die ältere sei: die Exogamie oder die Endogamie. Mit der Entdeckung der auf Blutsverwandtschaft, und daraus hervorgehender Unmöglichkeit der Ehe unter ihren Mitgliedern, begründeten Gens hörte dieser Unsinn von selbst auf. — Es ist selbstverständlich, dass auf der Stufe, auf der wir die Irokesen vorfinden, das Eheverbot innerhalb der Gens unverbrüchlich eingehalten wird.

4. Das Vermögen Verstorbener fiel an die übrigen Gentilgenossen, es musste in der Gens bleiben. Bei der Unbedeutendheit der Gegenstände, die ein Irokese hinterlassen konnte, theilten sich die nächsten Gentilverwandten in die Erbschaft; starb ein Mann, dann seine leiblichen Brüder und Schwestern und der Mutterbruder; starb eine Frau, dann ihre Kinder und leiblichen Schwestern, nicht aber ihre Brüder. Ebendeshalb konnten Mann und Frau nicht von einander erben, oder die Kinder vom Vater.

5. Die Gentilgenossen schuldeten einander Hülfe, Schutz und namentlich Beistand zur Rache für Verletzung durch Fremde. Der Einzelne verliess sich für seine Sicherheit auf den Schutz der Gens und konnte es; wer ihn verletzte, verletzte die ganze Gens. Hieraus, aus den Blutbanden der Gens, entsprang die Verpflichtung zur Blutrache, die von den Irokesen unbedingt anerkannt wurde. Erschlug ein Gentilfremder einen Gentilgenossen, so war die ganze Gens des Getödteten zur Blutrache verpflichtet. Zuerst versuchte man Vermittlung; die Gens des Tödters hielt Rath und machte dem Rath der Gens des Getödteten Bei-

legungsanträge, meist Ausdrücke des Bedauerns und bedeutende Geschenke anbietend. Wurden diese angenommen, war die Sache erledigt. Im andern Fall ernannte die verletzte Gens einen oder mehrere Rächer, die den Tödter zu verfolgen und zu erschlagen verpflichtet waren. Geschah dies, so hatte die Gens des Erschlagenen kein Recht, sich zu beklagen, der Fall war ausgeglichen.

6. Die Gens hat bestimmte Namen oder Reihen von Namen, die im ganzen Stamm nur sie gebrauchen darf, so dass der Name des Einzelnen zugleich sagt, welcher Gens er angehört. Ein Gentilname führt Gentilrechte von vornherein mit sich.

7. Die Gens kann Fremde in sich adoptiren und sie dadurch in den ganzen Stamm aufnehmen. Die Kriegsgefangnen, die man nicht tödtete, wurden so vermittelst Adoption in einer Gens Stammesmitglieder der Senecas und erhielten damit die vollen Gentil- und Stammesrechte. Die Adoption geschah auf Antrag einzelner Gentilgenossen, Männer, die den Fremden als Bruder resp. Schwester, Frauen, die ihn als Kind annahmen; die feierliche Aufnahme in die Gens war zur Bestätigung nöthig. Oft wurden so einzelne, ausnahmsweise zusammengeschrumpfte Gentes durch Massenadoption aus einer andern Gens, mit Einwilligung dieser, neu gestärkt. Bei den Irokesen fand die feierliche Aufnahme in die Gens in öffentlicher Sitzung des Stammesraths statt, wodurch sie thatsächlich eine religiöse Ceremonie wurde.

8. Spezielle religiöse Feierlichkeiten kann man bei indianischen Gentes schwerlich nachweisen; aber die religiösen Ceremonien der Indianer hängen mehr oder minder mit den Gentes zusammen. Bei den sechs jährlichen religiösen Festen der Irokesen waren die Sachems und Kriegshäuptlinge der einzelnen Gentes von Amtswegen den „Glaubenshütern" zugezählt und hatten priesterliche Funktionen.

9. Die Gens hat einen gemeinsamen Begräbnissplatz. Dieser ist bei den mitten unter Weissen eingeengten Irokesen des Staats New-York jetzt ver-

schwunden, hat aber früher bestanden. Bei andern Indianern besteht er noch; so bei den den Irokesen nah verwandten Tuscaroros, die, obgleich Christen, für jede Gens eine bestimmte Reihe im Kirchhof haben, so dass zwar die Mutter in derselben Reihe begraben wird wie die Kinder, aber nicht der Vater. Und auch bei den Irokesen geht die ganze Gens eines Verstorbenen zum Begräbniss, besorgt das Grab, die Grabreden etc.

10. Die Gens hat einen Rath, die demokratische Versammlung aller männlichen und weiblichen erwachsenen Gentilen, alle mit gleichem Stimmrecht. Dieser Rath erwählte Sachems und Kriegshäuptlinge und setzte sie ab; ebenso die übrigen „Glaubenshüter"; er beschloss über Bussgaben (Wergeld) oder Blutrache für gemordete Gentilen; er adoptirte Fremde in die Gens. Kurz er war die souveraine Gewalt in der Gens.

Dies sind die Befugnisse einer typischen indianischen Gens. „Alle ihre Mitglieder sind freie Leute, verpflichtet Einer des Andern Freiheit zu schützen; gleich in persönlichen Rechten — weder Sachems noch Kriegsführer beanspruchen irgend welchen Vorrang; sie bilden eine Brüderschaft, verknüpft durch Blutbande. Freiheit, Gleichheit, Brüderlichkeit, obwohl nie formulirt, waren die Grundprincipien der Gens, und diese war wiederum die Einheit eines ganzen gesellschaftlichen Systems, die Grundlage der organisirten indianischen Gesellschaft. Das erklärt den unbeugsamen Unabhängigkeitssinn und die persönliche Würde des Auftretens, die Jedermann bei den Indianern anerkennt."

Zur Zeit der Entdeckung waren die Indianer von ganz Nordamerika in Gentes organisirt, nach Mutterrecht. Nur in einigen Stämmen, wie den der Dacotas, waren die Gentes verfallen, und in einigen andern, Ojibwas, Omahas, waren sie nach Vaterrecht organisirt.

Bei sehr vielen indianischen Stämmen mit mehr als fünf oder sechs Gentes finden wir je drei, vier oder mehr Gentes zu einer besondern Gruppe vereinigt, die Morgan in getreuer Uebertragung des indianischen Namens nach ihrem griechischen Gegenbild Phratrie (Brüderschaft) nennt. So haben die Senekas zwei Phratrien; die erste umfasst die Gentes 1—4, die zweite die Gentes 5—8. Die nähere Untersuchung zeigt, dass diese Phratrien meist die ursprünglichen Gentes darstellen, in die sich der Stamm anfänglich spaltete; denn bei dem Heirathsverbot innerhalb der Gens musste jeder Stamm nothwendig mindestens zwei Gentes umfassen, um selbständig bestehn zu können. Im Mass wie sich der Stamm vermehrte, spaltete sich jede Gens wieder in zwei oder mehrere, die nun jede als besondere Gens erscheinen, während die ursprüngliche Gens, die alle Tochtergentes umfasst, fortlebt als Phratrie. Bei den Senekas und den meisten andern Indianern sind die Gentes der einen Phratrie Brudergentes, während die der andern ihre Vettergentes sind — Bezeichnungen, die im amerikanischen Verwandtschaftssystem, wie wir sehen, einen sehr reellen und ausdrucksvollen Sinn haben. Ursprünglich durfte auch kein Seneca innerhalb seiner Phratrie heirathen, doch ist dies längst ausser Gebrauch gekommen und auf die Gens beschränkt. Tradition der Senekas war, dass Bär und Hirsch die beiden ursprünglichen Gentes seien, von denen die andern abgezweigt. Nachdem diese neue Einrichtung einmal eingewurzelt, wurde sie nach dem Bedürfniss modificirt; starben Gentes einer Phratrie aus, so wurden zuweilen zur Ausgleichung ganze Gentes aus andern Phratrien in jene versetzt. Daher finden wir bei verschiedenen Stämmen die gleichnamigen Gentes verschieden gruppirt in den Phratrien.

Die Funktionen der Phratrie bei den Irokesen sind theils gesellschaftliche, theils religiöse. 1. Das Ballspiel spielen die Phratrien gegen einander; jede schickt ihre besten Spieler vor, die Uebrigen sehen zu, jede Phratrie besonders aufgestellt, und wetten gegen einander auf das Gewinnen der Ihrigen. — 2. Im Stammesrath sitzen die Sachems und Kriegsführer jeder Phratrie zusammen, die beiden Gruppen einander gegenüber, jeder Redner spricht zu den Repräsentanten jeder Phratrie als zu einer besondern Körperschaft. — 3. War ein Todtschlag im Stamm vorgekommen, wo Tödter und Getödtete nicht zu derselben Phratrie gehörten, so appellirte die verletzte Gens oft an ihre Brudergentes; diese hielten einen Phratrienrath und wandten sich an die andre Phratrie als Gesammtheit, damit diese ebenfalls einen Rath versammle zur Beilegung der Sache. Hier tritt also die Phratrie wieder als ursprüngliche Gens auf, und mit grösserer Aussicht auf Erfolg als die schwächere einzelne Gens, ihre Tochter. — 4. Bei Todesfällen hervorragender Leute übernahm die entgegengesetzte Phratrie die Besorgung der Bestattung und der Begräbnissfeierlichkeiten, während die Phratrie des Verstorbenen als leidtragend mitging. Starb ein Sachem, so meldete die entgegengesetzte Phratrie die Erledigung des Amts dem Bundesrath der Irokesen an. — 5. Bei der Wahl eines Sachems kam ebenfalls der Phratrienrath in's Spiel. Bestätigung durch die Brudergentes wurde als ziemlich selbstverständlich angesehn, aber die Gentes der andern Phratrie mochten opponiren. In solchem Fall kam der Rath dieser Phratrie zusammen; hielt er die Opposition aufrecht, so war die Wahl wirkungslos. — 6. Früher hatten die Irokesen besondere religiöse Mysterien, von den Weissen medicine-lodges genannt. Diese wurden bei den Senekas gefeiert durch zwei religiöse Genossenschaften, mit regelrechter Einweihung für neue Mitglieder; auf jede der beiden Phratrien entfiel eine dieser Genossenschaften. — 7. Wenn, wie fast sicher, die vier linages (Geschlechter), die die vier Viertel von Tlascalá zur Zeit der Eroberung bewohnten, vier Phratrien waren, so ist damit bewiesen, dass die Phratrien wie bei den Griechen und ähnliche Geschlechtsverbände bei den Deutschen, auch als militärische Einheiten galten; diese vier linages zogen in den Kampf, jede einzelne als besondre Schaar, mit eigner Uniform und Fahne und unter eignem Führer.

Wie mehrere Gentes eine Phratrie, so bilden, in der klassischen Form, mehrere Phratrien einen Stamm; in manchen Fällen fehlt das Mittelglied, die Phratrie, bei stark geschwächten Stämmen. Was bezeichnet einen Indianerstamm in Amerika?

1. Ein eignes Gebiet und ein eigner Name. Jeder

Stamm besass ausser dem Ort seiner wirklichen Niederlassung noch ein beträchtliches Gebiet zu Jagd und Fischfang. Darüber hinaus lag ein weiter, neutraler Landstrich, der bis an's Gebiet des nächsten Stammes reichte, bei sprachverwandten Stämmen geringer, bei nicht sprachverwandten grösser war. Es ist dies der Grenzwald der Deutschen, die Wüste, die Cäsars Sueven um ihr Gebiet schaffen, das îsarnholt (dänisch jarnved, limes Danicus) zwischen Dänen und Deutschen, der Sachsenwald und der branibor (slavisch = Schutzwald), von dem Brandenburg seinen Namen trägt, zwischen Deutschen und Slaven. Das solchergestalt durch unsichere Grenzen ausgeschiedne Gebiet war das Gemeinland des Stamms, von Nachbarstämmen als solches anerkannt, von ihm selbst gegen Uebergriffe vertheidigt. Die Unsicherheit der Grenzen wurde meist erst praktisch nachtheilig, wenn die Bevölkerung sich stark vermehrt hatte. — Die Stammesnamen erscheinen meist mehr zufällig entstanden als absichtlich gewählt; mit der Zeit kam es häufig vor, dass ein Stamm von den Nachbarstämmen mit einem andern als dem von ihm selbst gebrauchten bezeichnet wurde; ähnlich wie die Deutschen ihren ersten geschichtlichen Gesammtnamen, Germanen, von den Celten auferlegt bekamen.

2. Ein besondrer, nur diesem Stamm eigenthümlicher Dialekt. In der That fallen Stamm und Dialekt der Sache nach zusammen; Neubildung von Stämmen und Dialekten durch Spaltung ging noch bis vor Kurzem in Amerika vor sich und wird auch jetzt kaum ganz aufgehört haben. Wo zwei geschwächte Stämme sich zu einem verschmolzen haben, kommt es ausnahmsweise vor, dass im selben Stamm zwei nahverwandte Dialekte gesprochen werden. Die Durchschnittsstärke amerikanischer Stämme ist unter 2000 Köpfe; die Tscherokesen indess sind an 26,000 stark, die grösste Zahl Indianer in den Vereinigten Staaten, die denselben Dialekt sprechen.

3. Das Recht, die von den Gentes erwählten Sachems und Kriegsführer feierlich einzusetzen und

4. Das Recht, sie wieder abzusetzen, auch gegen den Willen ihrer Gens. Da diese Sachems und Kriegsführer Mitglieder des Stammesraths sind, erklären sich diese Rechte des Stamms ihnen gegenüber von selbst. Wo sich ein Bund von Stämmen gebildet hatte und die Gesammtzahl der Stämme in einem Bundesrath vertreten war, gingen obige Rechte auf diesen über.

5. Der Besitz gemeinsamer religiöser Vorstellungen (Mythologie) und Cultusverrichtungen. „Die Indianer waren in ihrer barbarischen Art ein religiöses Volk." Ihre Mythologie ist noch keineswegs kritisch untersucht; sie stellten sich die Verkörperungen ihrer religiösen Vorstellungen — Geister aller Art — bereits unter menschlicher Gestalt vor, aber die Unterstufe der Barbarei, auf der sie sich befanden, kennt noch keine bildlichen Darstellungen, sogenannte Götzen. Es ist ein in der Entwicklung zur Vielgötterei sich befindender Natur- und Elementarkultus. Die verschiedenen Stämme hatten ihre regelmässigen Feste, mit bestimmten Kultusformen, namentlich Tanz und Spielen; der Tanz besonders war ein wesentlicher Bestandtheil aller religiösen Feierlichkeiten; jeder Stamm hielt die seinigen besonders ab.

6. Ein Stammesrath für gemeinsame Angelegenheiten. Er war zusammengesetzt aus sämmtlichen Sachems und Kriegsführern der einzelnen Gentes, ihren wirklichen weil stets absetzbaren Vertretern; er berieth öffentlich, umgeben von den übrigen Stammesgliedern, die das Recht hatten dreinzureden und mit ihrer Ansicht gehört zu werden; der Rath entschied. In der Regel wurde jeder Anwesende auf Verlangen gehört, auch die Weiber konnten durch einen Redner ihrer Wahl ihre Ansicht vortragen lassen. Bei den Irokesen musste der endliche Beschluss einstimmig gefasst werden, wie dies auch in manchen Beschlüssen deutscher Markgemeinden der Fall war. Dem Stammesrath lag ob namentlich die Regelung des Verhältnisses zu fremden Stämmen; er empfing Gesandtschaften und sandte solche ab, er erklärte Krieg und schloss Frieden. Kam es

zum Krieg, so wurde dieser meist von Freiwilligen geführt. Im Prinzip galt jeder Stamm als im Kriegszustand befindlich mit jedem andern Stamm, mit dem er keinen ausdrücklichen Friedensvertrag geschlossen. Kriegerische Auszüge gegen solche Feinde wurden meist organisirt durch einzelne hervorragende Krieger; sie gaben einen Kriegstanz, wer mittanzte, erklärte damit seine Betheiligung am Zug. Die Kolonne wurde sofort gebildet und in Bewegung gesetzt. Ebenso wurde die Vertheidigung des angegriffenen Stammesgebiets meist durch freiwillige Aufgebote geführt. Der Auszug und die Rückkehr solcher Kolonnen gaben stets Anlass zu öffentlichen Festlichkeiten. Genehmigung des Stammesraths zu solchen Auszügen war nicht erforderlich und wurde weder verlangt noch gegeben. Es sind ganz die Privatkriegszüge deutscher Gefolgschaften, wie Tacitus sie uns schildert, nur dass bei den Deutschen die Gefolgschaften bereits einen ständigeren Charakter angenommen haben, einen festen Kern bilden, der schon in Friedenszeiten organisirt wird und um den sich im Kriegsfall die übrigen Freiwilligen gruppiren. Solche Kriegskolonnen waren selten zahlreich; die bedeutendsten Expeditionen der Indianer, auch auf grosse Entfernungen, wurden von unbedeutenden Streitkräften vollführt. Traten mehrere solche Gefolgschaften zu einer grossen Unternehmung zusammen, so gehorchte jede nur ihrem eignen Führer; die Einheit des Feldzugsplans wurde durch einen Rath dieser Führer gut oder schlecht gesichert. Es ist die Kriegführung der Alamannen im vierten Jahrhundert am Oberrhein, wie wir sie bei Ammianus Marcellinus geschildert finden.

7. In einigen Stämmen finden wir einen Oberhäuptling, dessen Befugnisse indess sehr gering sind. Es ist einer der Sachems, der in Fällen, die rasches Handeln erfordern, provisorische Massregeln zu treffen hat bis zu der Zeit, wo der Rath sich versammeln und endgültig beschliessen kann. Es ist ein schwacher, aber in der weiteren Entwicklung meist unfruchtbar gebliebener Ansatz zu einem Beamten mit vollstreckender Gewalt; dieser hat sich vielmehr, wie sich zeigen wird,

in den meisten Fällen, wo nicht überall, aus dem obersten Heerführer entwickelt.

Ueber die Vereinigung im Stamm kam die grosse Mehrzahl der amerikanischen Indianer nicht hinaus. In wenig zahlreichen Stämmen, durch weite Grenzstriche von einander geschieden, durch ewige Kriege geschwächt, besetzten sie mit wenig Menschen ein ungeheures Gebiet. Bündnisse zwischen verwandten Stämmen bildeten sich hie und da aus augenblicklicher Nothlage und zerfielen mit ihr. Aber in einzelnen Gegenden hatten sich ursprünglich verwandte Stämme aus der Zersplitterung wieder zusammen geschlossen zu dauernden Bünden, und so den ersten Schritt gethan zur Bildung von Nationen. In den Vereinigten Staaten finden wir die entwickeltste Form eines solchen Bundes bei den Irokesen. Von ihren Sitzen westlich vom Mississippi ausziehend, wo sie wahrscheinlich einen Zweig der grossen Dacota-Familie gebildet, liessen sie sich nach langer Wanderung im heutigen Staat New-York nieder, in fünf Stämme getheilt: Senekas, Cayugas, Onondagas, Oneidas und Mohawks. Sie lebten von Fisch, Wild und rohem Gartenbau, wohnten in Dörfern, die meist durch ein Pfahlwerk geschützt. Nie über 20,000 Köpfe stark, hatten sie in allen fünf Stämmen eine Anzahl von Gentes gemeinsam, sprachen nahverwandte Dialekte derselben Sprache und besetzten nun ein zusammenhängendes Gebiet, das unter die fünf Stämme vertheilt war. Da dies Gebiet neu erobert, war gewohnheitsmässiges Zusammenhalten dieser Stämme gegen die Verdrängten natürlich, und entwickelte sich, spätestens Anfangs des 15. Jahrhunderts, zu einem förmlichen „ewigen Bund", einer Eidgenossenschaft, die auch sofort im Gefühl ihrer neuen Stärke einen angreifenden Charakter annahm, und auf der Höhe ihrer Macht, gegen 1675, grosse Landstriche ringsumher erobert und die Bewohner theils vertrieben, theils tributpflichtig gemacht hatte. Der Irokesenbund liefert die fortgeschrittenste gesellschaftliche Organisation, zu der es die Indianer gebracht, soweit sie die Unterstufe der Barbarei nicht überschritten (also mit Ausnahme der

Mexikaner, Neumexikaner und Peruaner). Die Grundbestimmungen des Bundes waren folgende:

1. Ewiger Bund, auf Grundlage vollkommener Gleichheit und Selbständigkeit in allen innern Stammesangelegenheiten, der fünf blutsverwandten Stämme. Diese Blutsverwandtschaft bildete die wahre Grundlage des Bundes. Von den fünf Stämmen hiessen drei die Väterstämme, und waren Brüder unter einander; die beiden andern hiessen Sohnstämme und waren ebenfalls Bruderstämme unter einander. Drei Gentes — die ältesten — waren in allen fünf, andre drei in drei Stämmen noch lebendig vertreten, die Mitglieder jeder dieser Gentes allesammt Brüder durch alle fünf Stämme. Die gemeinsame, nur dialektisch verschiedene Sprache war Ausdruck und Beweis der gemeinsamen Abstammung.

2. Das Organ des Bundes war ein Bundesrath von 50 Sachems, alle gleich in Rang und Ansehn; dieser Rath entschied endgültig über alle Angelegenheiten des Bundes.

3. Diese 50 Sachems waren bei Stiftung des Bundes auf die Stämme und Gentes vertheilt worden, als Träger neuer Aemter, ausdrücklich für Bundeszwecke errichtet. Sie wurden von den betreffenden Gentes bei jeder Erledigung neu gewählt und konnten von ihnen jederzeit abgesetzt werden; das Recht der Einsetzung in ihr Amt aber gehörte dem Bundesrath.

4. Diese Bundessachems waren auch Sachems in ihren jedesmaligen Stämmen und hatten Sitz und Stimme im Stammesrath.

5. Alle Beschlüsse des Bundesraths mussten einstimmig gefasst werden.

6. Die Abstimmung geschah nach Stämmen, so dass jeder Stamm und in jedem Stamm alle Rathsmitglieder zustimmen mussten, um einen gültigen Beschluss zu fassen.

7. Jeder der fünf Stammesräthe konnte den Bundesrath berufen, dieser aber nicht sich selbst.

8. Die Sitzungen fanden vor versammeltem Volk statt; jeder Irokese konnte das Wort ergreifen; der Rath allein entschied.

9. Der Bund hatte keine persönliche Spitze, keinen Chef der vollziehenden Gewalt.

10. Dagegen hatte er zwei oberste Kriegsführer, mit gleichen Befugnissen und gleicher Gewalt (die beiden „Könige" der Spartaner, die beiden Konsuln in Rom).

Das war die ganze öffentliche Verfassung, unter der die Irokesen über vierhundert Jahre gelebt haben und noch leben. Ich habe sie ausführlicher nach Morgan geschildert, weil wir hier Gelegenheit haben, die Organisation einer Gesellschaft zu studiren, die noch keinen Staat kennt. Der Staat setzt eine von der Gesammtheit der jedesmal Betheiligten getrennte, besondre öffentliche Gewalt voraus, und Maurer, der mit richtigem Instinkt die deutsche Markverfassung als eine vom Staat wesentlich verschiedne, wenn auch ihm grossentheils später zu Grunde liegende, an sich rein gesellschaftliche Institution erkennt — Maurer untersucht daher in allen seinen Schriften das allmälige Entstehn der öffentlichen Gewalt aus und neben den ursprünglichen Verfassungen der Marken, Dörfer, Höfe und Städte. Wir sehn bei den nordamerikanischen Indianern, wie ein ursprünglich einheitlicher Volksstamm sich über einen ungeheuren Kontinent allmälig ausbreitet, wie Stämme durch Spaltung zu Völkern, ganzen Gruppen von Stämmen werden, die Sprachen sich verändern, bis sie nicht nur einander unverständlich werden, sondern auch fast jede Spur der ursprünglichen Einheit verschwindet; wie daneben in den Stämmen die einzelnen Gentes sich in mehrere spalten, die alten Muttergentes als Phratrien sich erhalten und doch die Namen dieser ältesten Gentes bei weit entfernten und lange getrennten Stämmen sich gleich bleiben — der Wolf und der Bär sind Gentilnamen noch bei einer Majorität aller indianischen Stämme. Und auf sie alle passt im Ganzen und Grossen die oben geschilderte Verfassung — nur dass Viele es nicht bis zum Bund verwandter Stämme gebracht haben.

Wir sehen aber auch, wie sehr — die Gens als gesellschaftliche Einheit einmal gegeben — die ganze Verfassung von Gentes, Phratrien und Stamm sich mit fast zwingender Nothwendigkeit — weil Natürlichkeit — aus dieser Einheit entwickelt. Alle drei sind Gruppen verschiedner Abstufungen von Blutsverwandtschaft, jede abgeschlossen in sich und ihre eignen Angelegenheiten ordnend, jede aber auch die andre ergänzend. Und der Kreis der ihnen anheimfallenden Angelegenheiten umfasst die Gesammtheit der öffentlichen Angelegenheiten des Barbaren der Unterstufe. Wo wir also bei einem Volk die Gens als gesellschaftliche Einheit vorfinden, werden wir auch nach einer ähnlichen Organisation des Stammes suchen dürfen wie die hier geschilderte; und wo hinreichende Quellen vorliegen, wie bei Griechen und Römern, werden wir sie nicht nur finden, sondern uns auch überzeugen, dass wo die Quellen uns im Stich lassen, die Vergleichung der amerikanischen Gesellschaftsverfassung uns über die wichtigsten Zweifel und Räthsel hinweghilft.

Und es ist eine wunderbare Verfassung in all ihrer Kindlichkeit und Einfachheit, diese Gentilverfassung! Ohne Soldaten, Gendarmen und Polizisten, ohne Adel, Könige, Statthalter, Präfekten oder Richter, ohne Gefängnisse, ohne Prozesse, geht Alles seinen geregelten Gang. Allen Zank und Streit entscheidet die Gesammtheit derer, die es angeht, die Gens oder der Stamm, oder die einzelnen Gentes unter sich — nur als äusserstes, selten angewandtes Mittel droht die Blutrache, von der unsre Todesstrafe auch nur die civilisirte Form ist, behaftet mit allen Vortheilen und Nachtheilen der Civilisation. Obwohl viel mehr gemeinsame Angelegenheiten vorhanden sind als jetzt — die Haushaltung ist einer Reihe von Familien gemein und kommunistisch, der Boden ist Stammesbesitz, nur die Gärtchen sind den Haushaltungen vorläufig zugewiesen — so braucht man doch nicht eine Spur unsers weitläuftigen und verwickelten Verwaltungsapparats. Die Betheiligten entscheiden, und in den meisten Fällen hat jahrhundertelanger Gebrauch bereits Alles geregelt. Arme und Bedürftige kann es nicht geben — die kommunistische Haushaltung und die Gens kennen ihre Verpflichtungen gegen Alte, Kranke und im Krieg Gelähmte. Alle sind gleich und frei — auch die Weiber. Für Sklaven ist noch kein Raum, für Unterjochung fremder Stämme in der Regel auch noch nicht. Als die Irokesen um 1651 die Eries und die „Neutrale Nation" besiegt hatten, boten sie ihnen an, als Gleichberechtigte in den Bund zu treten; erst als die Besiegten dies weigerten, wurden sie aus ihrem Gebiet vertrieben. Und welche Männer und Weiber eine solche Gesellschaft erzeugt, beweist die Bewunderung aller Weissen, die mit unverdorbnen Indianern zusammenkamen, vor der persönlichen Würde, Geradheit, Charakterstärke und Tapferkeit dieser Barbaren.

Von der Tapferkeit haben wir ganz neuerdings in Afrika Beispiele erlebt. Die Zulukaffern vor einigen Jahren wie die Nubier vor ein paar Monaten — beides Stämme, bei denen Gentileinrichtungen noch nicht ausgestorben — haben gethan, was kein europäisches Heer thun kann. Nur mit Lanzen und Wurfspeeren bewaffnet, ohne Feuergewehr, sind sie im Kugelregen der Hinterlader der englischen Infanterie — der anerkannt ersten der Welt für das geschlossene Gefecht — bis an die Bajonette vorgerückt und haben sie mehr als einmal in Unordnung gebracht und selbst geworfen, trotz der kolossalen Ungleichheit der Waffen und trotzdem dass sie gar keine Dienstzeit haben und nicht wissen was Exerciren ist. Was sie aushalten und leisten können, beweist die Klage der Engländer, dass ein Kaffer in 24 Stunden einen längeren Weg rascher zurücklegt als ein Pferd — der kleinste Muskel springt vor, hart und gestählt, wie Peitschenschnur, sagte ein englischer Maler.

So sahen die Menschen und die menschliche Gesellschaft aus, ehe die Scheidung in verschiedne Klassen vor sich gegangen war. Und wenn wir ihre Lage vergleichen mit der der ungeheuren Mehrzahl der heutigen civilisirten Menschen, so ist der Abstand enorm zwischen dem heutigen Proletarier und Kleinbauer und dem alten freien Gentilgenossen.

Das ist die eine Seite. Vergessen wir aber nicht, dass diese Organisation dem Untergang geweiht war. Ueber den Stamm ging sie nicht hinaus; der Bund der Stämme bezeichnet schon den Anfang ihrer Untergrabung, wie sich zeigen wird, und wie sich schon zeigte in den Unterjochungsversuchen der Irokesen. Was ausserhalb des Stammes, war ausserhalb des Rechts. Wo nicht ausdrücklicher Friedensvertrag vorlag, herrschte Krieg von Stamm zu Stamm, und der Krieg wurde geführt mit der Grausamkeit, die den Menschen vor den übrigen Thieren auszeichnet und die erst später gemildert wurde durch das Interesse. Die Gentilverfassung in ihrer Blüte, wie wir sie in Amerika sahen, setzte voraus eine äusserst unentwickelte Produktion, also eine äusserst dünne Bevölkerung auf weitem Gebiet; also ein fast vollständiges Beherrschtsein des Menschen von der ihm fremd gegenüberstehenden, unverstandnen äussern Natur, das sich widerspiegelt in den kindischen religiösen Vorstellungen. Der Stamm blieb die Grenze für den Menschen, sowohl dem Stammesfremden, als auch sich selbst gegenüber: der Stamm, die Gens und ihre Einrichtungen waren heilig und unantastbar, waren eine von Natur gegebene höhere Macht, der der Einzelne in Fühlen, Denken und Thun unbedingt unterthan blieb. So imposant die Leute dieser Epoche uns erscheinen, so sehr sind sie ununterschieden Einer vom Andern, sie hängen noch, wie Marx sagt, an der Nabelschnur des naturwüchsigen Gemeinwesens. Die Macht dieser naturwüchsigen Gemeinwesen musste gebrochen werden — sie wurde gebrochen. Aber sie wurde gebrochen durch Einflüsse, die uns von vornherein als eine Degradation erscheinen, als ein Sündenfall von der einfachen sittlichen Höhe der alten Gentilgesellschaft. Es sind die niedrigsten Interessen — gemeine Habgier, brutale Genusssucht, schmutziger Geiz, eigensüchtiger Raub an Gemeinbesitz — die die neue, civilisirte, die Klassengesellschaft einweihen; es sind die schmählichsten Mittel — Diebstahl, Vergewaltigung, Hinterlist, Verrath, die die alte klassenlose Gentilgesellschaft unterhöhlen und zu Fall bringen. Und die neue Gesellschaft selbst, während der ganzen dritthalbtausend Jahre ihres Bestehens, ist sie nie etwas andres gewesen, als die Entwicklung der kleinen Minderzahl auf Kosten der ausgebeuteten und unterdrückten grossen Mehrzahl, und sie ist dies jetzt mehr als je zuvor.

IV. Die griechische Gens.

Griechen wie Pelasger und andre stammverwandte Völker waren schon seit vorgeschichtlicher Zeit geordnet nach derselben organischen Reihe wie die Amerikaner: Gens, Phratrie, Stamm, Bund von Stämmen. Die Phratrie konnte fehlen wie bei den Doriern, der Bund von Stämmen brauchte noch nicht überall ausgebildet zu sein, aber in allen Fällen war die Gens die Einheit. Zur Zeit, wo die Griechen in die Geschichte eintreten, stehn sie an der Schwelle der Civilisation; zwischen ihnen und den amerikanischen Stämmen, von denen oben die Rede war, liegen fast zwei ganze grosse Entwicklungsperioden, um welche die Griechen der Heroenzeit den Irokesen voraus sind. Die Gens der Griechen ist daher auch keineswegs mehr die archaische der Irokesen, der Stempel der Punaluafamilie fängt an sich bedeutend zu verwischen. Das Mutterrecht ist dem Vaterrecht gewichen; und damit hat der aufkommende Privatreichthum seine erste Bresche in die Gentilverfassung gelegt. Eine zweite Bresche war natürliche Folge der ersten: da nach Einführung des Vaterrechts das Vermögen einer reichen Erbin durch ihre Heirath an ihren Mann, also in eine andre Gens gekommen wäre, durchbrach man die Grundlage alles Gentilrechts, und erlaubte nicht nur, sondern gebot in diesem Fall, dass das Mädchen innerhalb der Gens heirathete, um dieser das Vermögen zu erhalten.

Nach Grote's griechischer Geschichte wurde speciell die athenische Gens zusammengehalten durch

1. Gemeinsame religiöse Feierlichkeiten, und aus-

schliessliches Recht des Priesterthums zu Ehren eines bestimmten Gottes, des angeblichen Stammvaters der Gens, der in dieser Eigenschaft durch einen besondern Beinamen bezeichnet wurde;

2. Gemeinsamen Begräbnissplatz (vgl. Demosthenes' Eubulides);

3. Gegenseitiges Beerbungsrecht;

4. Gegenseitige Verpflichtung zu Hülfe, Schutz und Unterstützung bei Vergewaltigung;

5. Gegenseitiges Recht und Verpflichtung zur Heirath in der Gens in gewissen Fällen, besonders wo es Waisentöchter oder Erbinnen betraf;

6. Besitz, wenigstens in einigen Fällen, von gemeinsamem Eigenthum mit einem eignen Archon (Vorsteher) und Schatzmeister.

Sodann band die Vereinigung in der Phratrie mehrere Gentes zusammen, doch weniger eng; doch auch hier finden wir gegenseitige Rechte und Pflichten ähnlicher Art, besonders Gemeinsamkeit bestimmter Religionsübungen und das Recht der Verfolgung, wenn ein Phrator getödtet worden. Die Gesammtheit der Phratrien eines Stammes hatte wiederum gemeinsame, regelmässig wiederkehrende heilige Feierlichkeiten unter Vortritt eines aus den Adligen (Eupatriden) gewählten Phylobasileus (Stammvorstehers).

So weit Grote. Und Marx fügt hinzu: „Durch die griechische Gens guckt der Wilde (Irokese z. B.) aber auch unverkennbar durch." Er wird noch unverkennbarer, sobald wir etwas weiter untersuchen. Der griechischen Gens kommt nämlich ferner zu:

7. Abstammung nach Vaterrecht;

8. Verbot der Heirath in der Gens ausser im Fall von Erbinnen. Diese Ausnahme, und ihre Fassung als Gebot, beweisen die Geltung der alten Regel. Diese folgt ebenfalls aus dem allgemein gültigen Satz, dass die Frau durch die Heirath auf die religiösen Riten ihrer Gens verzichtete und in die ihres Mannes übertrat, in dessen Phratrie sie auch eingeschrieben wurde. Heirath ausserhalb der Gens war hiernach und nach einer berühmten Stelle des Dikäarchus Regel, und

Becker im Charikles nimmt geradezu an, dass Niemand innerhalb seiner eigenen Gens heirathen durfte.

9. Das Recht der Adoption in die Gens; es erfolgte durch Adoption in die Familie, aber mit öffentlichen Formalitäten und nur ausnahmsweise.

10. Das Recht, die Vorsteher zu erwählen und abzusetzen. Dass jede Gens ihren Archon hatte, wissen wir; dass das Amt erblich in bestimmten Familien sei, wird nirgends gesagt. Bis an's Ende der Barbarei ist die Vermuthung stets gegen die Erblichkeit, die ganz unverträglich ist mit Zuständen, wo Reiche und Arme innerhalb der Gens vollkommen gleiche Rechte hatten.

Nicht nur Grote, sondern auch Niebuhr, Mommsen und alle andern bisherigen Geschichtschreiber des klassischen Alterthums sind gescheitert an der Gens. So richtig sie auch viele ihrer Merkmale aufgezeichnet haben, so sahen sie in ihr stets eine **Gruppe von Familien**, und machten es sich damit unmöglich, die Natur und den Ursprung der Gens zu verstehn. Die Familie ist unter der Gentilverfassung nie eine Organisationseinheit gewesen und konnte es nicht sein, weil Mann und Frau nothwendig zu zwei verschiedenen Gentes gehörten. Die Gens ging ganz ein in die Phratrie, die Phratrie in den Stamm; die Familie ging auf halb in die Gens des Mannes und halb in die der Frau. Auch der Staat erkennt im öffentlichen Recht keine Familie an; sie existirt bis heute nur für das Privatrecht. Und dennoch geht unsre ganze bisherige Geschichtschreibung von der, namentlich im achtzehnten Jahrhundert unantastbar gewordenen, absurden Voraussetzung aus, die monogamische Einzelfamilie, die kaum älter ist als die Civilisation, sei der Krystallkern, um den sich Gesellschaft und Staat allmälig angesetzt habe.

„Herrn Grote ferner zu bemerken, fügt Marx ein, dass obgleich die Griechen ihre Gentes aus der Mythologie herleiten, jene Gentes älter sind als die **von ihnen selbst** geschaffene Mythologie mit ihren Göttern und Halbgöttern."

Grote wird von Morgan mit Vorliebe angeführt,

weil er ein angesehener und doch ganz unverdächtiger Zeuge. Er erzählt weiterhin, dass jede athenische Gens einen von ihrem vermeintlichen Stammvater abgeleiteten Namen hatte, dass vor Solon allgemein, und noch nach Solon bei Abwesenheit eines Testaments, die Gentilgenossen (gennêtes) des Verstorbenen sein Vermögen erbten, und dass im Fall von Todtschlag zunächst die Verwandten, dann die Gentilgenossen und endlich die Phratoren des Erschlagenen das Recht und die Pflicht hatten, den Verbrecher vor den Gerichten zu verfolgen: „alles was wir von den ältesten athenischen Gesetzen hören, ist begründet auf die Eintheilung in Gentes und Phratrien."

Die Abstammung der Gentes von gemeinsamen Urahnen hat den „schulgelehrten Philistern" (Marx) schweres Kopfbrechen gemacht. Da sie diese natürlich für rein mythisch ausgeben, so können sie sich die Entstehung einer Gens aus nebeneinanderstehenden, ursprünglich gar nicht verwandten Familien platterdings nicht erklären, und doch müssen sie dies fertig bringen, um nur das Dasein der Gentes zu erklären. Da wird denn ein sich im Kreise drehender Wortschwall aufgeboten, der nicht über den Satz hinauskommt: der Stammbaum ist zwar eine Fabel, aber die Gens ist eine Wirklichkeit, und schliesslich heisst es denn bei Grote — mit Einschiebungen von Marx — wie folgt: „Wir hören von diesem Stammbaum nur selten, weil er vor die Oeffentlichkeit nur in gewissen, besonders feierlichen Fällen gebracht wird. Aber die geringeren Gentes hatten ihre gemeinsamen Religionsübungen (sonderbar dies, Mr. Grote!) und gemeinsamen übermenschlichen Stammvater und Stammbaum ganz wie die berühmteren (wie gar sonderbar dies, Herr Grote, bei geringeren Gentes!); der Grundplan und die ideale Grundlage (werther Herr, nicht ideal, sondern carnal, germanice fleischlich!) war bei allen dieselbe."

Marx fasst Morgan's Antwort hierauf wie folgt zusammen: „Das der Gens in ihrer Urform — und die Griechen hatten diese einst besessen wie andre Sterbliche — entsprechende Blutsverwandtschaftssystem bewahrte die Kenntniss der Verwandtschaften aller Mitglieder der Gentes unter einander. (Sie lernten dies für sie entscheidend Wichtige durch Praxis von Kindesbeinen.) Mit der monogamischen Familie fiel dies in Vergessenheit. Der Gentilname schuf einen Stammbaum, neben dem der der Einzelfamilie unbedeutend erschien. Es war nunmehr dieser Name, der die Thatsache der gemeinsamen Abstammung seiner Träger zu bewahren hatte; aber der Stammbaum der Gens ging so weit zurück, dass die Mitglieder ihre gegenseitige wirkliche Verwandtschaft nicht mehr nachweisen konnten, ausser in beschränkter Zahl von Fällen bei neueren, gemeinschaftlichen Vorfahren. Der Name selbst war Beweis gemeinsamer Abstammung, und endgültiger Beweis abgesehn von Adoptionsfällen. Dahingegen ist die thatsächliche Läugnung aller Verwandtschaft zwischen Gentilgenossen à la Grote und Niebuhr, welche die Gens in eine rein ersonnene und erdichtete Schöpfung verwandelt, würdig „idealer" d. h. stubenhockerischer Schriftgelehrter. Weil die Verkettung der Geschlechter, namentlich mit Anbruch der Monogamie, in die Ferne gerückt, und die vergangne Wirklichkeit im mythologischen Phantasiebild wiedergespiegelt erscheint, schlossen und schliessen Philister-Biedermänner, dass der Phantasiestammbaum wirkliche Gentes schuf!"

Die Phratrie war, wie bei den Amerikanern, eine in mehrere Tochtergentes gespaltene und sie einigende Muttergens, und leitete sie alle oft noch vom gemeinsamen Stammvater ab. So hatten nach Grote „alle gleichzeitigen Glieder der Phratrie des Hekatäus einen und denselben Gott zum Stammvater im sechszehnten Glied"; alle Gentes dieser Phratrie waren also buchstäblich Brudergentes. Die Phratrie kommt noch bei Homer als militärische Einheit vor, in der berühmten Stelle, wo Nestor dem Agamemnon räth: Ordne die Männer nach Stämmen und nach Phratrien, dass die Phratrie der Phratrie beistehe, und der Stamm dem Stamm. — Sonst hat sie das Recht und die Pflicht der Verfolgung der an einem Phrator begangnen Blutschuld, also in früherer Zeit auch die Verpflichtung zur Blutrache. Sie hat ferner gemeinsame Heiligthümer und Feste, wie denn die Ausbildung der gesammten griechischen Mythologie aus dem mitgebrachten alt-arischen Naturkultus wesentlich bedingt war durch die Gentes und Phratrien und innerhalb ihrer vor sich ging. Ferner hatte sie einen Vorsteher (Phratriarchos) und nach De Coulanges auch Versammlungen und bindende Beschlüsse, eine Gerichtsbarkeit und Verwaltung. Selbst der spätere Staat, der die Gens ignorirte, liess der Phratrie gewisse öffentliche Amtsverrichtungen.

Die Vereinigung mehrerer verwandten Phratrien bildet den Stamm. In Attika gab es vier Stämme, zu je drei Phratrien, von denen jede dreissig Gentes zählte. Solche Abzirkelung der Gruppen setzt bewusstes, planmässiges Eingreifen in die naturwüchsig entstandene Ordnung voraus. Wie, wann und warum dies geschehn, darüber schweigt die griechische Geschichte, von der die Griechen selbst nur bis in's Heldenzeitalter hinein sich Erinnerung bewahrt haben.

Dialektische Abweichung war bei den auf verhältnissmässig kleinem Gebiet zusammengedrängten Griechen weniger entwickelt als in den weiten amerikanischen Wäldern; doch auch hier finden wir nur Stämme derselben Hauptmundart zu einem grössern Ganzen vereinigt, und selbt in dem kleinen Attika einen besondern Dialekt, der später als allgemeine Prosasprache der herrschende wurde.

In den homerischen Gedichten finden wir die griechischen Stämme meist schon zu kleinen Völkerschaften vereinigt, innerhalb deren Gentes, Phratrien und Stämme indess ihre Selbständigkeit noch vollkommen bewahrten. Sie wohnten bereits in mit Mauern befestigten Städten; die Bevölkerungszahl stieg mit der Ausdehnung der Heerden, des Feldbaus und den Anfängen des Handwerks; damit wuchsen die Reichthumsverschiedenheiten und mit ihnen das aristokratische Element innerhalb der alten, naturwüchsigen Demokratie. Die einzelnen Völkchen führten unaufhörliche Kriege um den Besitz der besten Landstriche und auch wohl der Beute wegen;

Sklaverei der Kriegsgefangnen war bereits anerkannte Einrichtung.

Die Verfassung dieser Stämme und Völkchen war nun wie folgt.

1. Stehende Behörde war der Rath, bulê, ursprünglich wohl aus den Vorstehern der Gentes zusammengesetzt, später, als deren Zahl zu gross wurde, aus einer Auswahl, die Gelegenheit bot zur Ausbildung und Stärkung des aristokratischen Elements; wie denn auch Dionysios gradezu den Rath der Heroenzeit aus den Vornehmen (kratistoi) zusammengesetzt sein lässt. Der Rath entschied endgültig in wichtigen Angelegenheiten; so fasst der von Theben, bei Aeschylos, den für die gegebne Sachlage entscheidenden Beschluss, den Eteokles ehrenvoll zu begraben, die Leiche des Polynikes aber hinauszuwerfen, den Hunden zur Beute. Mit Errichtung des Staats ging dieser Rath über in den späteren Senat.

2. Die Volksversammlung (agora). Bei den Irokesen fanden wir das Volk, Männer und Weiber, die Rathsversammlung umstehend, dreinredend in geordneter Weise und so ihre Beschlüsse beeinflussend. Bei den homerischen Griechen hat sich dieser „Umstand", um einen altdeutschen Gerichtsausdruck zu gebrauchen, bereits entwickelt zur vollständigen Volksversammlung, wie dies ebenfalls bei den Deutschen der Urzeit der Fall war. Sie wurde vom Rath berufen zur Entscheidung wichtiger Angelegenheiten; jeder Mann konnte das Wort ergreifen. Die Entscheidung erfolgte durch Handerheben (Aeschylos in den Schutzflehenden) oder durch Zuruf. Sie war souverain in letzter Instanz, denn, sagt Schömann (griech. Alterthümer), „handelt es sich um eine Sache, zu deren Ausführung die Mitwirkung des Volks erforderlich ist, so verräth uns Homer kein Mittel, wie dasselbe gegen seinen Willen dazu gezwungen werden könne". Es gab eben zu dieser Zeit, wo jedes erwachsene männliche Stammesmitglied Krieger war, noch keine vom Volk getrennte öffentliche Gewalt, die ihm hätte entgesetzt werden können. Die naturwüchsige Demokratie stand noch in voller Blüte,

und dies muss der Ausgangspunkt bleiben zur Beurtheilung der Macht und der Stellung sowohl des Raths wie des Basileus.

3. Der Heerführer (basileus). Hierzu bemerkt Marx: „Die europäischen Gelehrten, meist geborne Fürstenbediente, machen aus dem Basileus einen Monarchen im modernen Sinn. Dagegen verwahrt sich der Yankee-Republikaner Morgan. Er sagt sehr ironisch, aber wahr, vom öligen Gladstone und dessen „Juventus Mundi": Herr Gladstone präsentirt uns die griechischen Häuptlinge der Heldenzeit als Könige und Fürsten, mit der Zugabe, dass sie auch Gentlemen seien; er selbst muss aber zugeben: im Ganzen scheinen wir die Sitte oder das Gesetz der Erstgeburtsfolge hinreichend, aber nicht allzuscharf bestimmt vorzufinden." Es wird auch wohl dem Herrn Gladstone selbst scheinen, dass eine so verklausulirte Erstgeburtsfolge hinreichend, wenn auch nicht allzuscharf, 'gerade so viel werth ist wie gar keine.

Wie es mit der Erblichkeit der Vorsteherschaften bei den Irokesen und andern Indianern stand, sahen wir. Alle Aemter waren Wahlämter meist innerhalb einer Gens, und insofern in dieser erblich. Bei Erledigungen wurde der nächste Gentilverwandte — Bruder oder Schwestersohn — allmälig vorgezogen, falls nicht Gründe vorlagen, ihn zu übergehn. Ging also bei den Griechen unter der Herrschaft des Vaterrechts das Amt des Basileus in der Regel auf den Sohn oder einen der Söhne über, so ist das nur Beweis, dass die Söhne hier die Wahrscheinlichkeit der Nachfolge durch Volkswahl für sich hatten, keineswegs aber Beweis rechtskräftiger Erbfolge ohne Volkswahl. Was hier vorliegt, ist bei Irokesen und Griechen die erste Anlage zu besondern Adelsfamilien innerhalb den Gentes, und bei den Griechen noch dazu die erste Anlage einer künftigen erblichen Führerschaft oder Monarchie. Die Vermuthung spricht also dafür, dass bei den Griechen der Basileus entweder vom Volk gewählt oder doch durch seine anerkannten Organe — Rath oder Agora —

bestätigt werden musste, wie dies für den römischen „König" (Rex) galt.

In der Ilias erscheint der Männerbeherrscher Agamemnon nicht als oberster König der Griechen, sondern als oberster Befehlshaber eines Bundesheers vor einer belagerten Stadt. Und auf diese seine Eigenschaft weist Odysseus hin, als Zwist unter den Griechen ausgebrochen war, in der berühmten Stelle: nicht gut ist die Vielkommandirerei, Einer sei Befehlshaber u. s. w. (wobei noch der beliebte Vers mit dem Scepter späterer Zusatz). „Odysseus hält hier keine Vorlesung über eine Regierungsform, sondern verlangt Gehorsam gegen den obersten Feldherrn im Kriege. Für die Griechen, die vor Troja nur als Heer erscheinen, geht es in der Agora demokratisch genug zu. Achilles, wenn er von Geschenken, d. h. Vertheilung der Beute, spricht, macht stets zum Vertheiler, weder den Agamemnon noch einen andern Basileus, sondern „die Söhne der Achäer", d. h. das Volk. Die Prädikate: von Zeus erzeugt, von Zeus ernährt, beweisen nichts, da jede Gens von einem Gott abstammt, die des Stammeshaupts schon von einem „vornehmeren" Gott — hier Zeus. Selbst die persönlich Unfreien, wie der Sauhirt Eumäus u. A. sind „göttlich" (dioi und theioi) und dies in der Odyssee, also in viel späterer Zeit als die Ilias; in derselben Odyssee wird der Name Heros noch dem Herold Mulios beigelegt wie dem blinden Sänger Demodokos. Kurz, das Wort basileia, das die griechischen Schriftsteller für das homerische sogenannte Königthum anwenden (weil die Heerführerschaft ihr Hauptkennzeichen), mit Rath und Volksversammlung daneben, bedeutet nur — militärische Demokratie." (Marx.)

Der Basileus hatte ausser den militärischen noch priesterliche und richterliche Amtsbefugnisse; letztere nicht näher bestimmt, erstere in seiner Eigenschaft als oberster Vertreter des Stamms oder Bundes von Stämmen. Von bürgerlichen, verwaltenden Befugnissen ist nie die Rede; er scheint aber von Amtswegen Rathsmitglied gewesen zu sein. Basileus mit König zu übersetzen, ist also etymologisch ganz richtig, da König (Kuning) von Kuni, Künne, abstammt und Vorsteher einer Gens bedeutet. Aber der heutigen Bedeutung des Wortes König entspricht der altgriechische Basileus in keiner Weise. Thucydides nennt die alte Basileia ausdrücklich eine patrikê, d. h. von Gentes abgeleitete, und sagt, sie habe festbestimmte, also begrenzte Befugnisse gehabt. Und Aristoteles sagt, die Basileia der Heroenzeit sei eine Führerschaft über Freie gewesen, und der Basileus Heerführer, Richter und Oberpriester; Regierungsgewalt im spätern Sinne hatte er also nicht.*)

Wir sehn also in der griechischen Verfassung der Heldenzeit die alte Gentilorganisation noch in lebendiger Kraft, aber auch schon den Anfang ihrer Untergrabung: Vaterrecht mit Vererbung des Vermögens an die Kinder, wodurch die Reichthumsanhäufung in der Familie begünstigt und die Familie eine Macht wurde gegenüber der Gens; Rückwirkung der Reichthumsverschiedenheit auf die Verfassung, vermittelst Bildung der ersten Ansätze zu einem erblichen Adel und Königthum; Sklaverei, zunächst noch blos von Kriegsgefangnen, aber schon die Aussicht eröffnend auf Versklavung der eignen Stammes- und selbst Gentilgenossen; der alte Krieg von Stamm gegen Stamm bereits ausartend in systematische Räuberei zu Land und zur See, um Vieh, Sklaven, Schätze zu erobern, in regelrechte Erwerbsquelle; kurz, Reichthum gepriesen und geachtet als höchstes Gut, und die alten Gentilordnungen gemissbraucht, um den gewaltsamen Raub von Reich-

---

*) Wie dem griechischen Basileus, so ist auch dem aztekischen Heerführer ein moderner Fürst untergeschoben worden. Morgan unterwirft die erst missverständlichen und übertriebenen, später direkt lügenhaften Berichte der Spanier zum ersten Mal der historischen Kritik und weist nach, dass die Mexikaner auf der Mittelstufe der Barbarei, höher jedoch als die neumexikanischen Pueblos-Indianer, standen, und dass ihre Verfassung, soweit die entstellten Berichte sie erkennen lassen, dem entsprach: ein Bund dreier Stämme, der eine Anzahl andrer zur Tributpflichtigkeit unterworfen hatte, und der regiert wurde von einem Bundesrath und Bundesfeldherrn, aus welchem letzteren die Spanier einen „Kaiser" machten.

thümern zu rechtfertigen. Es fehlte nur noch Eins: eine Einrichtung, die die neuerworbenen Reichthümer der Einzelnen nicht nur gegen die kommunistischen Traditionen der Gentilordnung sicherstellte, die nicht nur das früher so gering geschätzte Privateigenthum heiligte, und diese Heiligung für den höchsten Zweck aller menschlichen Gemeinschaft erklärte, sondern die auch die nacheinander sich entwickelnden neuen Formen der Eigenthumserwerbung, also der stets beschleunigten Vermehrung des Reichthums mit dem Stempel allgemein gesellschaftlicher Anerkennung versah; eine Einrichtung, die nicht nur die aufkommende Spaltung der Gesellschaft in Klassen verewigte, sondern auch das Recht der besitzenden Klasse auf Ausbeutung der nicht besitzenden, und die Herrschaft jener über diese.

Und diese Einrichtung kam. Der Staat wurde erfunden.

V. Entstehung des athenischen Staats.

Wie der Staat sich entwickelt hat, indem die Organe der Gentilverfassung theils umgestaltet, theils durch Einschiebung neuer Organe verdrängt, und endlich vollständig durch wirkliche Staatsbehörden ersetzt wurden, während an die Stelle des in seinen Gentes, Phratrien und Stämmen sich selbst schützenden wirklichen „Volks in Waffen" eine diesen Staatsbehörden dienstbare, also auch gegen das Volk verwendbare, bewaffnete „öffentliche Gewalt" trat — davon können wir wenigstens das erste Stück nirgends besser verfolgen als im alten Athen. Die Formverwandlungen sind im Wesentlichen von Morgan dargestellt, den sie erzeugenden ökonomischen Inhalt muss ich grossentheils hinzufügen.

Zur Heroenzeit sassen die vier Stämme der Athener in Attika noch auf getrennten Gebieten; selbst die sie zusammensetzenden zwölf Phratrien scheinen in den zwölf Städten des Kekrops noch gesonderte Sitze gehabt zu haben. Die Verfassung war die der Heroenzeit: Volksversammlung, Volksrath, Basileus. Soweit die geschriebene Geschichte zurückreicht, war der Grund und Boden schon vertheilt und in Privateigenthum übergegangen, wie dies der gegen Ende der Oberstufe der Barbarei bereits verhältnissmässig entwickelten Waarenproduktion und dem ihr entsprechenden Waarenhandel gemäss ist. Neben Korn wurde Wein und Oel gewonnen; der Seehandel auf dem Aegäischen Meer wurde mehr und mehr den Phöniziern entzogen und fiel grossentheils in attische Hände. Durch den Kauf und Verkauf von Grundbesitz, durch die fortschreitende Theilung der Arbeit zwischen Ackerbau und Handwerk, Handel und Schiffahrt, mussten die Angehörigen der Gentes, Phratrien und Stämme sehr bald durcheinander kommen, der Distrikt der Phratrie und des Stammes Bewohner erhalten, die, obwohl Volksgenossen, doch diesen Körperschaften nicht angehörten, also in ihrem eignen Wohnort fremd waren. Denn jede Phratrie und jeder Stamm verwalteten in ruhigen Zeiten ihre Angelegenheiten selbst, ohne nach Athen zum Volksrath oder Basileus zu schicken. Wer aber im Gebiet der Phratrie oder des Stamms wohnte, ohne ihm anzugehören, konnte an dieser Verwaltung natürlich keinen Antheil nehmen.

Das geregelte Spiel der Organe der Gentilverfassung kam damit so in Unordnung, dass schon zur Heroenzeit Abhülfe nöthig wurde. Die dem Theseus zugeschriebne Verfassung wurde eingeführt. Die Aenderung bestand vor Allem darin, dass eine Centralverwaltung in Athen eingerichtet, d. h. ein Theil der bisher von den Stämmen selbständig verwalteten Angelegenheiten für gemeinsame erklärt und dem in Athen sitzenden gemeinsamen Rath übertragen wurden. Hiermit gingen die Athener einen Schritt weiter als irgend ein eingebornes Volk in Amerika je gegangen: an die Stelle des blossen Bundes nebeneinander wohnender Stämme trat ihre Verschmelzung zu einem einzigen Volk. Damit entsprang ein athenisches allgemeines Volksrecht, das über den Rechtsbräuchen der Stämme und Gentes stand; der athenische Bürger erhielt, als solcher, bestimmte Rechte und neuen Rechtsschutz auch auf Gebiet, wo er stammesfremd war. Damit war aber der erste Schritt geschehn zur Untergrabung der Gentilverfassung; denn es war der erste Schritt zur späteren Zulassung von Bürgern, die in ganz Attika stammesfremd waren, die ganz ausserhalb der athenischen Gentilverfassung standen und blieben. Eine zweite dem Theseus zugeschriebne Einrichtung war die Eintheilung des ganzen Volks, ohne Rücksicht auf Gens, Phratrie oder Stamm, in drei Klassen: Eupatriden oder Adlige, Geomoren oder Ackerbauer, und Demiurgen oder Handwerker, und die Ueberweisung des ausschliesslichen Rechts der Aemterbesetzung an die Adligen. Diese Eintheilung blieb zwar, mit Ausnahme der Aemterbesetzung durch den Adel, wirkungslos, da die beiden andern Klassen keine besondern Rechte erhielten. Aber sie ist wichtig, weil sie uns die neuen gesellschaftlichen Elemente vorführt, die sich im Stillen entwickelt hatten. Sie zeigt, dass die gewohnheitsmässige Besetzung der Gentilämter aus gewissen Familien sich bereits zu einem wenig bestrittenen Anrecht dieser Familien auf die Aemter ausgebildet hatte, dass diese Familien, ausserdem mächtig durch Reichthum, anfingen, ausserhalb ihrer Gentes sich zu einer eignen bevorrechteten Klasse zusammenzuthun, und dass der eben erst aufkeimende Staat diese Anmassung heiligte. Sie zeigt ferner, dass die Theilung der Arbeit zwischen Landbauern und Handwerkern bereits genug erstarkt war, um der alten Gliederung nach Gentes und Stämmen den Vorrang in gesellschaftlicher Bedeutung streitig zu machen. Sie proklamirt endlich den unverträglichen Gegensatz zwischen Gentilgesellschaft und Staat; der erste Versuch der Staatsbildung besteht darin, die Gentes zu zerreissen, indem er die Mitglieder einer jeden in Bevorrechtete und Zurückgesetzte, und diese wieder in zwei Gewerbsklassen scheidet und so einander entgegensetzt.

Die politische Geschichte Athens von Einführung dieser Verfassung bis auf Solon ist nur unvollkommen bekannt. Das Amt des Basileus kam in Abgang; an die Spitze des Staats traten aus dem Adel gewählte Archonten. Die Herrschaft des Adels stieg mehr und mehr, bis sie gegen das Jahr 600 vor unsrer Zeitrechnung unerträglich wurde. Und zwar war das Hauptmittel zur Unterdrückung der gemeinen Freiheit — das Geld und der Wucher. Der Hauptsitz des Adels war in und um Athen, wo der Seehandel, benebst noch immer gelegentlich mit in den Kauf genommenem Seeraub, ihn bereicherte und den Geldreichthum in seinen Händen konzentrirte. Von hier aus drang die sich entwickelnde Geldwirthschaft wie zersetzendes Scheidewasser in die auf Naturalwirthschaft gegründete, althergebrachte Daseinsweise der Landgemeinden. Die Gentilverfassung ist mit Geldwirthschaft absolut unverträglich; der Ruin der attischen Parzellenbauern fiel zusammen mit der Lockerung der sie schützend umschlingenden alten Gentilbande. Der Schuldschein und die Gutsverpfändung (denn auch die Hypothek hatten die Athener schon erfunden) kannten weder Gens noch Phratrie. Und die alte Gentilverfassung kannte kein Geld, keinen Vorschuss, keine Geldschuld. Daher bildete die sich immer üppiger ausbreitende Geldherrschaft des Adels auch ein neues Gewohnheitsrecht aus zur Sicherung des Gläubigers gegen den Schuldner, zur Weihe der Ausbeutung des Kleinbauern durch den Geldbesitzer. Sämmtliche Feldfluren Attikas starrten von Pfandsäulen, an denen verzeichnet stand, das sie tragende Grundstück sei dem und dem verpfändet um so und so viel Geld. Die Aecker, die nicht so bezeichnet, waren grossentheils bereits wegen verfallner Hypotheken oder Zinsen verkauft, in das Eigenthum des adligen Wucherers übergegangen; der Bauer konnte froh sein, wenn ihm erlaubt wurde, als Pächter darauf sitzen zu bleiben und von **einem Sechstel** des Ertrags seiner Arbeit zu leben, während er **fünf Sechstel** dem neuen Herrn als Pacht zahlen musste. Noch mehr. Reichte der Erlös des verkauften Grundstücks nicht hin zur Deckung der Schuld, oder war diese Schuld ohne Sicherung durch Pfand aufgenommen, so musste der Schuldner seine Kinder ins Ausland in die Sklaverei verkaufen, um den Gläubiger zu decken. Verkauf der Kinder durch den Vater — das war die erste Frucht des Vaterrechts und der Monogamie! Und war der Blutsauger dann noch nicht befriedigt, so konnte er den Schuldner selbst als Sklaven verkaufen. Das war die angenehme Morgenröthe der Civilisation beim athenischen Volk.

Früher, als die Lebenslage des Volks noch der Gentilverfassung entsprach, war eine solche Umwälzung unmöglich; und hier war sie gekommen, man wusste nicht wie. Gehn wir einen Augenblick zurück zu unsern Irokesen. Dort war ein Zustand undenkbar, wie er sich jetzt den Athenern sozusagen ohne ihr Zuthun und sicher gegen ihren Willen aufgedrängt hatte. Dort konnte die sich Jahraus Jahrein gleich bleibende Weise, den Lebensunterhalt zu produziren, nie solche, wie von Aussen aufgezwungne Konflikte erzeugen, keinen Gegensatz von Reich und Arm, von Ausbeutern und Ausgebeuteten. Die Irokesen waren noch weit entfernt davon, die Natur zu beherrschen, aber innerhalb der für sie geltenden Naturgrenzen beherrschten sie ihre eigne Produktion. Abgesehn von schlechten Ernten in ihren Gärtchen, von Erschöpfung des Fischvorraths ihrer Seen und Flüsse, des Wildstandes ihrer Wälder, wussten sie, was bei ihrer Art, sich ihren Unterhalt zu erarbeiten, herauskam. Was herauskommen musste, war der Lebensunterhalt, ob er kärglicher oder reichlicher ausfiel; was aber nie herauskommen konnte, das waren unbeabsichtigte gesellschaftliche Umwälzungen, Zerreissung der Gentilbande, Spaltung der Gentil- und Stammgenossen in entgegengesetzte, einander bekämpfende Klassen. Die Produktion bewegte sich in den engsten Schranken; aber — die Produzenten beherrschten ihr eignes Produkt. Das war der ungeheure Vorzug der barbarischen Produktion, der mit dem Eintritt der Civilisation verloren ging und den wiederzuerobern, aber auf Grundlage der jetzt errungenen gewaltigen Naturbeherrschung durch den Menschen und der jetzt möglichen freien Association, die Aufgabe der nächsten Generationen sein wird.

Anders bei den Griechen. Der aufgekommene Privatbesitz an Heerden und Luxusgeräth führte zum Austausch zwischen Einzelnen, zur Verwandlung der Produkte in Waaren. Und hier liegt der Keim der ganzen folgenden Umwälzung. Sobald die Produzenten ihr Produkt nicht mehr direkt selbst verzehrten, sondern es im Austausch aus der Hand gaben, verloren sie die Herrschaft darüber. Sie wussten nicht mehr, was aus ihm wurde, und die Möglichkeit war gegeben, dass das Produkt dereinst verwandt werde gegen den Produzenten, zu seiner Ausbeutung und Unterdrückung. Darum kann keine Gesellschaft auf die Dauer die Herrschaft über ihre eigne Produktion, und die Kontrole über die gesellschaftlichen Wirkungen ihres Produktionsprocesses behalten, die nicht den Austausch zwischen Einzelnen abschafft.

Wie rasch aber, nach dem Entstehn des Austausches zwischen Einzelnen, und mit der Verwandlung der Produkte in Waaren, das Produkt seine Herrschaft über den Produzenten geltend macht, das sollten die Athener erfahren. Mit der Waarenproduktion kam die Bebauung des Bodens durch Einzelne für eigne Rechnung, damit bald das Grundeigenthum Einzelner. Es kam ferner das Geld, die allgemeine Waare, gegen die alle andern austauschbar waren; aber indem die Menschen das Geld erfanden, dachten sie nicht daran, dass sie damit wieder eine neue gesellschaftliche Macht schufen, die Eine allgemeine Macht, vor der die ganze Gesellschaft sich beugen musste. Und diese neue, ohne Wissen und Willen ihrer eignen Erzeuger plötzlich emporgesprungne Macht war es, die ihre Herrschaft, in der ganzen Brutalität ihrer Jugendlichkeit, den Athenern zu fühlen gab.

Was war zu machen? Die alte Gentilverfassung hatte sich nicht nur ohnmächtig erwiesen gegen den Siegeszug des Geldes; sie war auch absolut unfähig, innerhalb ihres Rahmens selbst nur Raum zu finden für so etwas wie Geld, Gläubiger und Schuldner, Zwangseintreibung von Schulden. Aber die neue gesellschaftliche Macht war einmal da, und fromme Wünsche, Sehnsucht nach Rückkehr der guten alten Zeit, trieben Geld und Zinswucher nicht wieder aus der Welt. Und obendrein waren eine Reihe andrer, untergeordneter Breschen in die Gentilverfassung gelegt. Die Durcheinanderwürfelung der Gentilgenossen und Phratoren auf dem ganzen attischen Gebiet, namentlich in der Stadt Athen selbst, war von Geschlecht zu Geschlecht grösser geworden, trotzdem dass auch jetzt noch ein Athener zwar Grundstücke ausserhalb seiner Gens verkaufen durfte, nicht aber sein Wohnhaus. Die Theilung der Arbeit zwischen den verschiednen Produktionszweigen: Ackerbau, Handwerk, im Handwerk wieder zahllose Unterarten, Handel, Schiffahrt u. s. w. hatte sich mit den Fortschritten der Industrie und des

Verkehrs immer vollständiger entwickelt; die Bevölkerung theilte sich nun nach ihrer Beschäftigung in ziemlich feste Gruppen, deren Jede eine Reihe neuer, gemeinsamer Interessen hatte, für die in der Gens oder Phratrie kein Platz war, die also zu ihrer Besorgung neue Aemter nöthig machten. Die Zahl der Sklaven hatte sich bedeutend vermehrt und muss schon damals die der freien Athener weit überstiegen haben; die Gentilverfassung kannte ursprünglich keine Sklaverei, also auch kein Mittel, diese Masse Unfreier im Zaum zu halten. Und endlich hatte der Handel eine Menge Fremder nach Athen gebracht, die dort des leichtern Gelderwerbs wegen sich niederliessen und ebenfalls nach der alten Verfassung recht- und schutzlos, und trotz herkömmlicher Duldung ein störend fremdes Element im Volk blieben.

Kurz, mit der Gentilverfassung ging es zu Ende. Die Gesellschaft wuchs täglich mehr aus ihr heraus; selbst die schlimmsten Uebel, die unter ihren Augen entstanden waren, konnte sie nicht hemmen noch heben. Aber der Staat hatte sich inzwischen im Stillen entwickelt. Die neuen, durch die Theilung der Arbeit zuerst zwischen Stadt und Land, dann zwischen den verschiednen städtischen Arbeitszweigen geschaffnen Gruppen hatten neue Organe geschaffen zur Wahrnehmung ihrer Interessen; Aemter aller Art waren eingerichtet worden. Und dann brauchte der junge Staat vor Allem eine eigne Macht, die bei den seefahrenden Athenern zunächst nur eine Seemacht sein konnte, zu einzelnen kleinen Kriegen und zum Schutz der Handelsschiffe. Es wurden, zu unbekannter Zeit vor Solon, die Naukrarien errichtet, kleine Gebietsbezirke, zwölf in jedem Stamm; jede Naukrarie musste ein Kriegsschiff stellen, ausrüsten und bemannen und stellte ausserdem noch zwei Reiter. Diese Einrichtung griff die Gentilverfassung zwiefach an. Erstens indem sie eine öffentliche Gewalt schuf, die schon nicht mehr ohne Weiteres mit der Gesammtheit des bewaffneten Volks zusammenfiel; und zweitens, indem sie zum ersten Mal das Volk zu öffentlichen Zwecken eintheilte, nicht nach Verwandtschaftsgruppen, sondern nach örtlichem Zusammenwohnen. Was das zu bedeuten hatte, wird sich zeigen.

Konnte die Gentilverfassung dem ausgebeuteten Volk keine Hülfe bringen, so blieb nur der entstehende Staat. Und dieser brachte sie in der solonischen Verfassung, indem er sich zugleich neuerdings auf Kosten der alten Verfassung stärkte. Solon — die Art, wie seine in das Jahr 594 vor unsre Zeitrechnung fallende Reform durchgesetzt wurde, geht uns hier nichts an — Solon eröffnete die Reihe der sogenannten politischen Revolutionen und zwar mit einem Eingriff in das Eigenthum. Alle bisherigen Revolutionen sind Revolutionen gewesen zum Schutz einer Art des Eigenthums gegen eine andere Art des Eigenthums. Sie können das eine nicht schützen, ohne das andere zu verletzen. In der grossen französischen Revolution wurde das feudale Eigenthum geopfert, um das bürgerliche zu retten; in der solonischen musste das Eigenthum der Gläubiger herhalten zum Besten des Eigenthums der Schuldner. Die Schulden wurden einfach für ungültig erklärt. Die Einzelheiten sind uns nicht genau bekannt, aber Solon rühmt sich in seinen Gedichten, die Pfandsäulen von den verschuldeten Grundstücken entfernt und die wegen Schulden in's Ausland Verkauften und Geflüchteten zurückgeführt zu haben. Dies war nur möglich durch offne Eigenthumsverletzung. Und in der That, von der ersten bis zur letzten sogenannten politischen Revolution sind sie alle gemacht worden zum Schutz des Eigenthums — einer Art und durchgeführt durch Konfiskation, auch genannt Diebstahl des Eigenthums — einer andern Art. So wahr ist es, dass seit drittehalb tausend Jahren das Privateigenthum hat erhalten werden können nur durch Eigenthumsverletzung.

Nun aber kam es darauf an, die Wiederkehr solcher Versklavung der freien Athener zu verhindern. Dies geschah zunächst durch allgemeine Massregeln, z. B. durch das Verbot von Schuldverträgen, worin die Person des Schuldners verpfändet wurde. Ferner wurde ein grösstes Mass des von einem Einzelnen zu besitzenden Grundeigenthums festgesetzt, um dem Heisshunger des Adels nach dem Bauernland wenigstens einige Schranken zu ziehn. Dann aber kamen Verfassungsänderungen; für uns sind die wichtigsten diese:

Der Rath wurde auf vierhundert Mitglieder gebracht, hundert aus jedem Stamm; hier blieb also noch der Stamm die Grundlage. Das war aber auch die einzige Seite, nach welcher hin die alte Verfassung in den neuen Staatskörper hineingezogen wurde. Denn im Uebrigen theilte Solon die Bürger in vier Klassen je nach ihrem Grundbesitz und seinem Ertrag; 500, 300 und 150 Medimnen Korn (1 Medimnus = 15 frühere Berliner Metzen = ca. 41 Liter) waren die Minimalerträge für die ersten drei Klassen; wer weniger oder keinen Grundbesitz hatte, fiel in die vierte Klasse. Alle Aemter konnten nur aus den obersten drei, die höchsten nur aus der ersten Klasse besetzt werden; die vierte Klasse hatte nur das Recht, in der Volksversammlung zu reden und zu stimmen, aber hier wurden alle Beamten gewählt, hier hatten sie Rechenschaft abzulegen, hier wurden alle Gesetze gemacht, und hier bildete die vierte Klasse die Majorität. Die aristokratischen Vorrechte wurden in der Form von Vorrechten des Reichthums theilweise erneuert, aber das Volk behielt die entscheidende Macht. Ferner bildeten die vier Klassen die Grundlage einer neuen Heeresorganisation. Die beiden ersten Klassen stellten die Reiterei; die dritte hatte als schwere Infanterie zu dienen; die vierte als leichtes, ungepanzertes Fussvolk oder auf der Flotte und wurde dann wahrscheinlich auch besoldet.

Hier wird also ein ganz neues Element in die Verfassung eingeführt: der Privatbesitz. Je nach der Grösse ihres Grundeigenthums werden die Rechte und Pflichten der Staatsbürger abgemessen, und soweit die Vermögensklassen Einfluss gewinnen, soweit werden die alten Blutsverwandtschaftskörper verdrängt; die Gentilverfassung hatte eine neue Niederlage erlitten.

Die Abmessung der politischen Rechte nach dem Vermögen war indess keine der Einrichtungen, ohne die der Staat nicht bestehn kann. Eine so grosse Rolle sie auch in der Verfassungsgeschichte der Staaten gespielt hat, so haben doch sehr viele Staaten und grade die am vollständigsten entwickelten, ihrer nicht bedurft. Auch in Athen spielte sie nur eine vorübergehende Rolle; seit Aristides standen alle Aemter jedem Bürger offen.

Während der nächstfolgenden achtzig Jahre kam die athenische Gesellschaft allmälig in die Richtung, in der sie sich in den folgenden Jahrhunderten weiter entwickelt hat. Dem üppigen Landwucher der vorsolonischen Zeit war ein Riegel vorgeschoben, ebenso der masslosen Konzentration des Grundbesitzes. Der Handel und das mit Sklavenarbeit immer mehr im Grossen betriebne Handwerk und Kunsthandwerk wurden herrschende Erwerbszweige. Man wurde aufgeklärter. Statt in der anfänglichen brutalen Weise die eignen Mitbürger auszubeuten, beutete man vorwiegend die Sklaven und die ausserathenische Kundschaft aus. Der bewegliche Besitz, der Geldreichthum und der Reichthum an Sklaven und Schiffen wuchs immer mehr, aber er war jetzt nicht mehr blosses Mittel zum Erwerb von Grundbesitz, wie in der ersten, bornirten Zeit, er war Selbstzweck geworden. Damit war einerseits der alten Adelsmacht eine siegreiche Konkurrenz erwachsen in der neuen Klasse von industriellen und kaufmännischen Reichen, andrerseits aber auch den Resten der alten Gentilverfassung der letzte Boden entzogen. Die Mitglieder der Gentes, Phratrien und Stämme waren über ganz Attika zerstreut und so vollständig durcheinander geworfen, dass sie zu politischen Körperschaften ganz untauglich geworden; eine Menge athenischer Bürger gehörten gar keiner Gens an, sie waren Eingewanderte, die zwar in's Bürgerrecht, aber nicht in einen der alten Geschlechtsverbände aufgenommen worden; daneben stand noch die stets wachsende Zahl der bloss schutzverwandten fremden Einwanderer.

Während dessen gingen die Parteikämpfe voran; der Adel suchte seine früheren Vorrechte wieder zu erobern und erlangte wieder für einen Augenblick die Oberhand, bis die Revolution des Kleisthenes (509 vor unsrer Zeitrechnung) ihn endgültig stürzte; mit ihm aber auch den letzten Rest der Gentilverfassung.

Kleisthenes, in seiner neuen Verfassung, ignorirte die vier alten auf Gentes und Phratrien begründeten Stämme. An ihre Stelle trat eine ganz neue Organisation auf Grund der schon in den Naukrarien versuchten Eintheilung der Bürger nach dem blossen Ort der Ansässigkeit. Nicht mehr die Zugehörigkeit zu den Geschlechtsverbänden, sondern nur der Wohnsitz entschied; nicht das Volk, sondern das Gebiet wurde eingetheilt, die Bewohner wurden politisch blosses Zubehör des Gebiets.

Ganz Attika wurde in hundert Gemeindebezirke, Demen, getheilt, deren Jeder sich selbst verwaltete. Die in jedem Demos ansässigen Bürger (Demoten) erwählten ihren Vorsteher (Demarch) und Schatzmeister, sowie dreissig Richter mit Gerichtsbarkeit über kleinere Streitsachen. Sie erhielten ebenfalls einen eignen Tempel und Schutzgott oder Heroen, dessen Priester sie wählten. Die höchste Macht im Demos war bei der Versammlung der Demoten. Es ist, wie Morgan richtig bemerkt, das Urbild der selbstregierenden amerikanischen Stadtgemeinde. Mit derselben Einheit, mit der der moderne Staat in seiner höchsten Ausbildung endigt, mit derselben fing der entstehende Staat in Athen an.

Zehn dieser Einheiten, Demen, bildeten einen Stamm, der aber zum Unterschied vom alten Geschlechtsstamm jetzt Ortsstamm genannt wird. Der Ortsstamm war nicht allein eine selbstverwaltende politische, er war auch eine militärische Körperschaft; er erwählte den Phylarchen oder Stammvorsteher, der die Reiterei, den Taxiarchen, der das Fussvolk, und den Strategen, der die gesammte im Stammesgebiet ausgehobene Mannschaft befehligte. Er stellte ferner fünf Kriegsschiffe nebst Mannschaft und Befehlshaber, und erhielt einen attischen Heros, nach welchem er sich benannte, zum Schutzheiligen. Endlich wählte er fünfzig Rathsmänner in den athenischen Rath.

Den Abschluss bildete der athenische Staat, regiert von dem aus den fünfhundert Erwählten der zehn Stämme zusammengesetzten Rath und in letzter Instanz von der Volksversammlung, wo jeder athenische Bürger Zutritt und Stimmrecht hatte; daneben besorgten Archonten und andre Beamte die verschiednen Verwaltungszweige und Gerichtsbarkeiten. Ein oberster Beamter der vollziehenden Gewalt bestand in Athen nicht.

Mit dieser neuen Verfassung und mit der Zulassung einer sehr grossen Zahl Schutzverwandter, theils Eingewanderter, theils freigelassner Sklaven, waren die Organe der Geschlechterverfassung aus den öffentlichen Angelegenheiten hinausgedrängt; sie sanken herab zu Privatvereinen und religiösen Genossenschaften. Aber der moralische Einfluss, die überkommene Anschauungs- und Denkweise der alten Gentilzeit erbten sich noch lange fort und starben erst allmälig aus. Das zeigte sich bei einer ferneren staatlichen Einrichtung.

Wir sehen, dass ein wesentliches Kennzeichen des Staats in einer von der Masse des Volks unterschiednen öffentlichen Gewalt besteht. Athen hatte damals nur erst ein Volksheer und eine unmittelbar vom Volk gestellte Flotte; diese schützten nach Aussen und hielten die Sklaven im Zaum, die schon damals die grosse Mehrzahl der Bevölkerung bildeten. Gegenüber den Bürgern bestand die öffentliche Gewalt zunächst nur als die Polizei, die so alt ist wie der Staat, wesshalb die naiven Franzosen des 18. Jahrhunderts auch nicht von civilisirten Völkern sprachen, sondern von polizirten (nations policées). Die Athener richteten also gleichzeitig mit ihrem Staat auch eine Polizei ein, eine wahre Gendarmerie von Bogenschützen zu Fuss und zu Pferd — Landjäger, wie man in Süddeutschland und der Schweiz sagt. Diese Gendarmerie aber wurde gebildet — aus Sklaven. So entwürdigend kam dieser Schergendienst dem freien Athener vor, dass er sich lieber vom bewaffneten Sklaven verhaften liess, als dass er selbst sich zu solcher Schmach hergab. Das war noch die alte Gentilgesinnung. Der Staat konnte ohne die Polizei nicht bestehn, aber er war noch jung, und hatte noch nicht moralischen Respekt genug, um ein Handwerk achtungswerth zu machen, das den alten Gentilgenossen nothwendig infam erschien.

Wie sehr der jetzt in seinen Hauptzügen fertige

Staat der neuen gesellschaftlichen Lage der Athener angemessen war, zeigt sich in dem raschen Aufblühen des Reichthums, des Handels und der Industrie. Der Klassengegensatz, auf dem die gesellschaftlichen und politischen Einrichtungen beruhten, war nicht mehr der von Adel und gemeinem Volk, sondern der von Sklaven und Freien, Schutzverwandten und Bürgern. Zur Zeit der höchsten Blüte bestand die ganze athenische freie Bürgerschaft, Weiber und Kinder eingeschlossen, aus etwa 90,000 Köpfen, daneben 365,000 Sklaven beiderlei Geschlechts und 45,000 Schutzverwandte — Fremde und Freigelassene. Auf jeden erwachsenen männlichen Bürger kamen also mindestens 18 Sklaven und über zwei Schutzverwandte. Die grosse Sklavenzahl kam daher, dass Viele von ihnen in Manufakturen, grossen Räumen unter Aufsehern zusammen arbeiteten. Mit der Entwicklung des Handels und der Industrie aber kam Akkumulation und Konzentration der Reichthümer in wenigen Händen, Verarmung der Masse der freien Bürger, denen nur die Wahl blieb, entweder der Sklavenarbeit durch eigne Handwerksarbeit Konkurrenz zu machen, was für schimpflich, banausisch, galt und auch wenig Erfolg versprach — oder aber zu verlumpen. Sie thaten, unter den Umständen mit Nothwendigkeit, das letztere, und da sie die Masse bildeten, richteten sie damit den ganzen athenischen Staat zu Grunde. Nicht die Demokratie hat Athen zu Grunde gerichtet, wie die europäischen, fürstenschweifwedelnden Schulmeister behaupten, sondern die Sklaverei, die die Arbeit des freien Bürgers ächtete.

Die Entstehung des Staats bei den Athenern ist ein besonders typisches Muster der Staatsbildung überhaupt, weil sie einerseits ganz rein, ohne Einmischung äusserer oder innerer Vergewaltigung vor sich geht — die Usurpation des Pisistratus hinterliess keine Spur ihrer kurzen Dauer — weil sie andrerseits einen Staat von sehr hoher Formentwicklung, die demokratische Republik, unmittelbar aus der Gentilgesellschaft hervorgehen lässt, und endlich weil wir mit allen wesentlichen Einzelheiten hinreichend bekannt sind.

VI. Gens und Staat in Rom.

Aus der Sage von der Gründung Roms geht hervor, dass die erste Ansiedlung durch eine Anzahl zu einem Stamm vereinigter latinischer Gentes (der Sage nach hundert) erfolgte, denen sich bald ein sabellischer Stamm, der ebenfalls hundert Gentes gezählt haben soll, und endlich ein dritter, aus verschiedenen Elementen bestehender Stamm, wieder von angeblich hundert Gentes, anschloss. Die ganze Erzählung zeigt auf den ersten Blick, dass hier wenig mehr naturwüchsig war ausser der Gens, und diese selbst in manchen Fällen nur ein Ableger einer in der alten Heimath fortbestehenden Muttergens. Die Stämme tragen an der Stirn den Stempel künstlicher Zusammensetzung, jedoch meist aus verwandten Elementen und nach dem Vorbild des alten gewachsenen, nicht gemachten Stamms; wobei nicht ausgeschlossen bleibt, dass der Kern jedes der drei Stämme ein wirklicher, alter Stamm gewesen sein kann. Das Mittelglied, die Phratrie, bestand aus zehn Gentes und hiess Curie; ihrer waren also dreissig.

Dass die römische Gens dieselbe Institution war wie die griechische, ist anerkannt; ist die griechische eine Fortbildung derjenigen gesellschaftlichen Einheit, deren Urform uns die amerikanischen Rothhäute vorführen, so gilt dasselbe ohne Weiteres auch für die römische. Wir können uns hier also kürzer fassen.

Die römische Gens hatte wenigstens in der ältesten Zeit der Stadt folgende Verfassung:

1) Gegenseitiges Erbrecht der Gentilgenossen; das Vermögen blieb in der Gens. Da in der römischen

Gens wie in der griechischen schon Vaterrecht herrschte, waren die Nachkommen der weiblichen Linie ausgeschlossen. Nach dem Gesetz der zwölf Tafeln, dem ältesten uns bekannten geschriebnen römischen Recht, erbten zunächst die Kinder als Leibeserben; in deren Ermanglung die Agnaten (Verwandte in männlicher Linie); und in deren Abwesenheit die Gentilgenossen. In allen Fällen blieb das Vermögen in der Gens. Wir sehen hier das allmälige Eindringen neuer, durch vermehrten Reichthum und Monogamie verursachter Rechtsbestimmungen in den Gentilbrauch: das ursprüngliche gleiche Erbrecht der Gentilgenossen wird zuerst — wohl schon früh, wie oben erwähnt — durch Praxis auf die Agnaten beschränkt, endlich auf die Kinder und deren Nachkommen im Mannsstamm; in den zwölf Tafeln erscheint dies selbstverständlich in umgekehrter Ordnung.

2) Besitz eines gemeinsamen Begräbnissplatzes. Die patricische Gens Claudia erhielt bei ihrer Einwanderung aus Regilli nach Rom ein Stück Land für sich angewiesen, dazu in der Stadt einen gemeinsamen Begräbnissplatz. Noch unter Augustus wurde der nach Rom gekommene Kopf des im Teutoburger Wald gefallenen Varus in der Grabstätte der Gens Quinctilia (gentilitius tumulus) beigesetzt.

3) Gemeinsame religiöse Feiern. Diese, die sacra gentilitia, sind bekannt.

4) Verpflichtung, nicht in der Gens zu heirathen. Dies scheint in Rom nie in ein geschriebnes Gesetz verwandelt worden zu sein, aber die Sitte blieb. Von der Unmasse römischer Ehepaare, deren Namen uns aufbewahrt, hat kein einziges gleichen Gentilnamen für Mann und Frau. Das Erbrecht beweist diese Regel ebenfalls. Die Frau verliert durch die Heirath ihre agnatischen Rechte, tritt aus ihrer Gens, weder sie noch ihre Kinder können von ihrem Vater oder dessen Brüdern erben, weil sonst das Erbtheil der väterlichen Gens verloren ginge. Dies hat Sinn nur unter der Voraussetzung, dass die Frau keinen Gentilgenossen heirathen kann.

5) Ein gemeinsamer Grundbesitz. Dieser war in der

Urzeit stets vorhanden, sobald das Stammland anfing getheilt zu werden. Unter den latinischen Stämmen finden wir den Boden theils im Besitz des Stammes, theils der Gens, theils der Haushaltungen, welche nicht nothwendig Einzelfamilien waren. Romulus soll die ersten Landtheilungen an Einzelne gemacht haben, ungefähr eine Hektare (zwei Jugera) auf jeden. Doch finden wir noch später Grundbesitz in den Händen der Gentes, vom Staatsland gar nicht zu sprechen, um das sich die ganze innere Geschichte der Republik dreht.

6) Pflicht der Gentilgenossen zu gegenseitigem Schutz und Beistand. Davon zeigt uns die geschriebne Geschichte nur noch Trümmer; der römische Staat trat gleich von vornherein mit solcher Uebermacht auf, dass das Recht des Schutzes gegen Unbill auf ihn überging. Als Appius Claudius verhaftet wurde, legte seine ganze Gens Trauer an, selbst die seine persönlichen Feinde waren. Zur Zeit des zweiten punischen Kriegs verbanden sich die Gentes zur Auslösung ihrer kriegsgefangnen Gentilgenossen; der Senat verbot es ihnen.

7) Recht den Gentilnamen zu tragen. Blieb bis in die Kaiserzeit; den Freigelassenen erlaubte man, den Gentilnamen ihrer ehemaligen Herren anzunehmen, doch ohne Gentilrechte.

8) Recht der Adoption Fremder in die Gens. Dies geschah durch Adoption in eine Familie (wie bei den Indianern), die die Aufnahme in die Gens mit sich führte.

9) Das Recht, den Vorsteher zu wählen und abzusetzen, wird nirgends erwähnt. Da aber in der ersten Zeit Roms alle Aemter durch Wahl oder Ernennung besetzt wurden, vom Wahlkönig abwärts, und auch die Priester der Curien von diesen gewählt, so dürfen wir für die Vorsteher (principes) der Gentes dasselbe annehmen — so sehr auch die Wahl aus einer und derselben Familie in der Gens schon Regel geworden sein mochte.

Das waren die Befugnisse einer römischen Gens. Mit Ausnahme des bereits vollendeten Uebergangs zum Vaterrecht, sind sie das treue Spiegelbild der Rechte und Pflichten einer irokesischen Gens; auch hier „guckt der Irokese unverkennbar durch."

Noch fast dreihundert Jahre nach Gründung Roms waren die Gentilbande so stark, dass eine patricische Gens, die der Fabier, mit Einwilligung des Senats einen Kriegszug gegen die Nachbarstadt Veji auf eigne Faust unternehmen konnte. 306 Fabier sollen ausgezogen und in einem Hinterhalt sämmtlich erschlagen worden sein; ein einziger zurückgebliebner Knabe habe die Gens fortgepflanzt.

Zehn Gentes bildeten, wie gesagt, eine Phratrie, die hier Curie hiess, und wichtigere öffentliche Befugnisse erhielt als die griechische Phratrie. Jede Curie hatte ihre eignen Religionsübungen, Heiligthümer und Priester; diese letzteren, in ihrer Gesammtheit, bildeten eins der römischen Priesterkollegien. Zehn Curien bildeten einen Stamm, der wahrscheinlich, wie die übrigen latinischen Stämme, ursprünglich einen gewählten Vorsteher — Heerführer und Oberpriester — hatte. Die Gesammtheit der drei Stämme bildete das römische Volk, den Populus Romanus.

Dem römischen Volk konnte also nur angehören, wer Mitglied einer Gens, und durch sie einer Curie und eines Stammes war. Die erste Verfassung dieses Volkes war folgende. Die öffentlichen Angelegenheiten wurden besorgt zunächst durch den Senat, der, wie Niebuhr zuerst richtig gesehn, aus den Vorstehern der dreihundert Gentes zusammengesetzt war; eben desswegen, als Gentilälteste, hiessen sie Väter, patres, und ihre Gesammtheit Senat (Rath der Aeltesten, von senex, alt). Die gewohnheitsmässige Wahl aus immer derselben Familie jeder Gens rief auch hier den ersten Stammesadel in's Leben; diese Familien nannten sich Patricier und nahmen ausschliessliches Recht des Eintritts in den Senat und alle andern Aemter in Anspruch. Dass das Volk sich diesen Anspruch mit der Zeit gefallen liess und er sich in ein wirkliches Recht verwandelte, drückt die Sage dahin aus, dass Romulus den ersten Senatoren und ihren Nachkommen das Patriciat mit dessen Vorrechten ertheilt habe. Der Senat, wie die athenische

Bulê, hatte die Entscheidung in vielen Angelegenheiten, die Vorberathung in wichtigeren und namentlich bei neuen Gesetzen. Diese wurden entschieden durch die Volksversammlung, genannt Comitia curiata (Versammlung der Curien). Das Volk kam zusammen, in Curien gruppirt, in jeder Curie wahrscheinlich nach Gentes, bei der Entscheidung hatte jede der dreissig Curien eine Stimme. Die Versammlung der Curien nahm an oder verwarf alle Gesetze, wählte alle höhern Beamten, mit Einschluss des Rex (sogenannten Königs), erklärte Krieg (aber der Senat schloss Frieden) und entschied als höchstes Gericht, auf Berufung der Betheiligten, in allen Fällen, wo es sich um Todesstrafe gegen einen römischen Bürger handelte. — Endlich stand neben Senat und Volksversammlung der Rex, der genau dem griechischen Basileus entsprach, und keineswegs der fast absolute König war, als den Mommsen ihn darstellt.*) Auch er war Heerführer, Oberpriester und Vorsitzer in gewissen Gerichten. Civilbefugnisse oder Macht über Leben, Freiheit und Eigenthum der Bürger hatte er durchaus nicht, soweit sie nicht aus der Disciplinargewalt des Heerführers oder der urtheilsvollstreckenden Gewalt des Gerichtsvorsitzers entsprangen. Das Amt des Rex war nicht erblich; er wurde im Gegentheil, wahrscheinlich auf Vorschlag des Amtsvorgängers, von der Versammlung der Curien zuerst gegewählt und dann in einer zweiten Versammlung feierlich eingesetzt. Dass er auch absetzbar war, beweist das Schicksal des Tarquinius Superbus.

---

*) Das lateinische Rex ist das celtisch-irische righ (Stammesvorsteher) und das gothische reiks; dass dies ebenfalls, wie ursprünglich auch unser Fürst (d. h. wie englisch first, dänisch förste, der erste) Gentil- oder Stammesvorsteher bedeutete, geht hervor daraus, dass die Gothen schon im vierten Jahrhundert ein besonderes Wort für den späteren König, den Heerführer eines gesammten Volkes, besassen: thiudans. Artaxerxes und Herodes heissen in Ulfilas Bibelübersetzung nie reiks, sondern thiudans, und das Reich des Kaisers Tiberius nicht reiki, sondern thiudinassus. Im Namen des gothischen Thiudans, oder wie wir ungenau übersetzen, Königs Thiudareiks, Theodorich, d. h. Dietrich, fliessen beide Benennungen zusammen.

Wie die Griechen zur Heroenzeit, lebten also die Römer zur Zeit der sogenannten Könige in einer auf Gentes, Phratrien und Stämmen begründeten und aus ihnen entwickelten militärischen Demokratie. Mochten auch die Curien und Stämme zum Theil künstliche Bildungen sein, sie waren geformt nach den ächten, naturwüchsigen Vorbildern der Gesellschaft, aus der sie hervorgegangen und die sie noch auf allen Seiten umgab. Mochte auch der naturwüchsige patricische Adel bereits Boden gewonnen haben, mochten die Reges ihre Befugnisse allmälig zu erweitern suchen — das ändert den ursprünglichen Grundcharakter der Verfassung nicht, und auf diesen allein kommt es an.

Inzwischen vermehrte sich die Bevölkerung der Stadt Rom und des römischen, durch Eroberung erweiterten Gebiets theils durch Einwanderung, theils durch die Bewohner der unterworfnen, meist latinischen Bezirke. Alle diese neuen Staatsangehörigen (die Frage wegen der Klienten lassen wir hier bei Seite) standen ausserhalb der alten Gentes, Curien und Stämme, bildeten also keinen Theil des populus romanus, des eigentlichen römischen Volks. Sie waren persönlich freie Leute, konnten Grundeigenthum besitzen, mussten steuern und Kriegsdienste leisten. Aber sie konnten keine Aemter bekleiden und weder an der Versammlung der Curien theilnehmen, noch an der Vertheilung der eroberten Staatsländereien. Sie bildeten die von allen öffentlichen Rechten ausgeschlossene Plebs. Durch ihre stets wachsende Zahl, ihre militärische Ausbildung und Bewaffnung wurden sie eine drohende Macht gegenüber dem alten, gegen allen Zuwachs von Aussen jetzt fest abgeschlossenen Populus. Dazu kam, dass der Grundbesitz zwischen Populus und Plebs ziemlich gleichmässig vertheilt gewesen zu sein scheint, während der allerdings noch nicht sehr entwickelte kaufmännische und industrielle Reichthum wohl vorwiegend bei der Plebs war.

Bei der grossen Dunkelheit, worin die ganz sagenhafte Urgeschichte Roms gehüllt ist — eine Dunkelheit, noch bedeutend verstärkt durch die rationalistisch-pragmatischen Deutungsversuche und Berichte der späteren juristisch gebildeten Quellenschriftsteller — ist es unmöglich, weder über Zeit, noch Verlauf, noch Anlass der Revolution etwas Bestimmtes zu sagen, die der alten Gentilverfassung ein Ende machte. Gewiss ist nur, dass ihre Ursache in den Kämpfen zwischen Plebs und Populus lag.

Die neue, dem Rex Servius Tullius zugeschriebne, sich an griechische Muster, namentlich Solon, anlehnende Verfassung schuf eine neue Volksversammlung, die ohne Unterschied Populus und Plebejer ein- oder ausschloss, je nachdem sie Kriegsdienste leisteten oder nicht. Die ganze waffenpflichtige Mannschaft wurde nach dem Vermögen in sechs Klassen eingetheilt. Der geringste Besitz in jeder der fünf Klassen war: I, 100,000 Ass; II, 75,000; III, 50,000; IV, 25,000; V, 11,000 Ass; nach Dureau de la Malle gleich ungefähr 14,000, 10,000, 7000, 5000 und 1600 Mark. Die sechste Klasse, die Proletarier, bestand aus den weniger Begüterten, Dienst- und Steuerfreien. In der neuen Volksversammlung der Centurien (Comitia Centuriata) traten die Bürger militärisch an, kompagnieweise in ihren Centurien zu hundert Mann, und jede Centurie hatte eine Stimme. Nun aber stellte die erste Klasse 80 Centurien; die zweite 22, die dritte 20, die vierte 22, die fünfte 30, die sechste des Anstands halber auch eine. Dazu kamen die aus den Reichsten gebildeten Reiter mit 18 Centurien; zusammen 193; Majorität der Stimmen: 97. Nun hatten die Reiter und die erste Klasse zusammen allein 98 Stimmen, also die Majorität; waren sie einig, wurden die übrigen gar nicht gefragt, der gültige Beschluss war gefasst.

Auf diese neue Versammlung der Centurien gingen nun alle politischen Rechte der früheren Versammlung der Curien (bis auf einige nominelle) über; die Curien und die sie zusammensetzenden Gentes wurden dadurch, wie in Athen, zu blossen Privat- und religiösen Genossenschaften degradirt, und vegetirten als solche noch lange fort, während die Versammlung der Curien bald ganz einschlief. Um auch die alten drei Geschlechterstämme aus dem Staat zu verdrängen, wurden vier

Ortsstämme, deren jeder ein Viertheil der Stadt bewohnte, mit einer Reihe von politischen Rechten eingeführt.

Somit war auch in Rom, schon vor der Abschaffung des sogenannten Königthums, die alte auf persönlichen Blutbanden beruhende Gesellschaftsordnung gesprengt und eine neue, auf Gebietseintheilung und Vermögensunterschied begründete, wirkliche Staatsverfassung an ihre Stelle gesetzt. Die öffentliche Gewalt bestand hier in der kriegsdienstpflichtigen Bürgerschaft, gegenüber nicht nur den Sklaven, sondern auch den vom Heeresdienst und der Bewaffnung ausgeschlossenen sogenannten Proletariern.

Innerhalb dieser neuen Verfassung, die bei der Vertreibung des letzten, wirkliche Königsgewalt usurpirenden Rex Tarquinius Superbus und Ersetzung des Rex durch zwei Heerführer (Consuln) mit gleicher Amtsgewalt (wie bei den Irokesen) nur weiter ausgebildet wurde — innerhalb dieser Verfassung bewegt sich die ganze Geschichte der römischen Republik mit allen ihren Kämpfen der Patricier und Plebejer um den Zugang zu den Aemtern und die Betheiligung an den Staatsländereien, mit dem endlichen Aufgehen des Patricieradels in der neuen Klasse der grossen Grund- und Geldbesitzer, die allmälig allen Grundbesitz der durch den Kriegsdienst ruinirten Bauern aufsogen, die so entstandenen enormen Landgüter mit Sklaven bebauten, Italien entvölkerten und damit nicht nur dem Kaiserthum die Thür öffneten, sondern auch seinen Nachfolgern, den deutschen Barbaren.

VII. Die Gens bei Celten und Deutschen.

Der Raum verbietet uns, auf die noch jetzt bei den verschiedensten wilden und barbarischen Völkern, in reinerer oder getrübterer Form bestehenden Gentilinstitutionen einzugehn, oder auf die Spuren davon in der älteren Geschichte der asiatischen Kulturvölker. Hier nur einige kurze Notizen über die Gens bei den Celten und Germanen.

Die ältesten erhaltenen celtischen Gesetze zeigen uns die Gens noch in vollem Leben; in Irland lebt sie wenigstens instinctiv im Volksbewusstsein noch heute, nachdem die Engländer sie gewaltsam gesprengt; in Schottland stand sie noch Mitte des vorigen Jahrhunderts in voller Blüthe und erlag auch hier nur den Waffen, der Gesetzgebung und den Gerichtshöfen der Engländer.

Die altwalisischen Gesetze, die mehrere Jahrhunderte vor der englischen Eroberung, spätestens im elften Jahrhundert, niedergeschrieben wurden, zeigen noch gemeinschaftlichen Ackerbau ganzer Dörfer, wenn auch nur als ausnahmsweisen Rest früherer allgemeiner Sitte; jede Familie hatte 5 Acker zur eignen Bebauung; ein Stück wurde daneben gemeinsam bebaut und der Ertrag vertheilt. Dass diese Dorfgemeinden Gentes repräsentiren, oder Unterabtheilungen von Gentes, ist bei der Analogie von Irland und Schottland nicht zu bezweifeln, selbst wenn eine erneuerte Prüfung der walisischen Gesetze, zu der mir die Zeit fehlt (meine Auszüge sind vom Jahr 1869), dies nicht direkt beweisen sollte. Was aber die walisischen Quellen, und mit ihnen die irischen, direkt beweisen, ist, dass bei den Celten die Paarungsehe im elften Jahrhundert noch keineswegs durch die Monogamie verdrängt war. In Wales wurde eine Ehe erst unlöslich oder besser unkündbar nach sieben Jahren. Fehlten nur drei Nächte an den sieben Jahren, so konnten die Gatten sich trennen. Dann wurde getheilt: die Frau theilte, der Mann wählte sein Theil. Die Möbel wurden nach gewissen, sehr humoristischen Regeln getheilt. Löste der Mann die Ehe, so musste er der Frau ihre Mitgift und einiges Andre zurückgeben; war es die Frau, so erhielt sie weniger. Von den Kindern bekam der Mann zwei, die Frau eines, und zwar das mittelste. Wenn die Frau nach der Scheidung einen andern Mann nahm, und der erste Mann holte sie sich wieder, so musste sie ihm folgen, auch wenn sie schon einen Fuss im neuen Ehebett hatte. Waren die Beiden aber sieben Jahre zusammengewesen, so waren sie Mann und Frau, auch ohne vorherige förmliche Heirath. Keuschheit der Mädchen vor der Heirath wurde durchaus nicht streng eingehalten oder gefordert; die hierauf bezüglichen Bestimmungen sind äusserst frivoler Natur und keineswegs der bürgerlichen Moral gemäss. Beging eine Frau einen Ehebruch, so durfte der Mann sie prügeln (einer der drei Fälle, wo ihm dies erlaubt, sonst verfiel er in Strafe), dann aber weiter keine Genugthuung fordern, denn „für dasselbe Vergehen soll entweder Sühnung sein oder Rache, aber nicht beides zugleich." Die Gründe, auf die hin die Frau die Scheidung verlangen durfte, ohne in ihren Ansprüchen bei der Auseinandersetzung zu verlieren, waren sehr umfassender Art: übler Athem des Mannes genügte. Das an den Stammeshäuptling oder König zu zahlende Loskaufgeld für das Recht der ersten Nacht (gobr merch, daher der mittelalterliche Name marcheta, französisch marquette) spielt eine grosse Rolle im Gesetzbuch. Die Weiber hatten Stimmrecht in den Volksversammlungen. Fügen wir hinzu, dass in Irland ähnliche Verhältnisse bezeugt sind; dass dort ebenfalls Ehen auf Zeit ganz gebräuchlich und der Frau bei der Trennung genau geregelte, grosse Begünstigungen, sogar

Entschädigung für ihre häuslichen Dienste zugesichert waren; dass dort eine „erste Frau" neben andern Frauen vorkommt und bei Erbtheilungen zwischen ehelichen und unehelichen Kindern kein Unterschied gemacht wird — so haben wir ein Bild der Paarungsehe, wogegen die in Nordamerika gültige Eheform streng erscheint, wie es aber im elften Jahrhundert bei einem Volk nicht verwundern kann, das noch zu Cäsar's Zeit in der Gruppenehe lebte.

Die irische Gens (Sept, der Stamm heisst Clainne, Clan) wird nicht nur durch die alten Rechtsbücher, sondern auch durch die, zur Verwandlung des Clanlandes in Domäne des englischen Königs hinübergesandten englischen Juristen des siebzehnten Jahrhunderts bestätigt und beschrieben. Der Boden war bis zu dieser letzten Zeit Gemeineigenthum des Clans oder der Gens, soweit er nicht bereits von den Häuptlingen in ihre Privatdomäne verwandelt worden war. Wenn ein Gentilgenosse starb, also eine Haushaltung einging, so nahm der Vorsteher (caput cognationis nannten ihn die englischen Juristen) eine neue Landtheilung des ganzen Gebiets unter den übrigen Haushaltungen vor. Diese muss im Ganzen nach den in Deutschland gültigen Regeln erfolgt sein. Noch jetzt finden sich einige — vor vierzig oder fünfzig Jahren sehr zahlreiche — Dorffluren in s. g. Rundale. Die Bauern, Einzelpächter des früher der Gens gemeinsam gehörigen, vom englischen Eroberer geraubten Bodens, zahlen jeder die Pacht für sein Stück, werfen aber das Acker- und Wiesenland aller Stücke zusammen, theilen es nach Lage und Qualität in „Gewanne", wie es an der Mosel heisst, und geben jedem seinen Antheil in jedem Gewann; Moor- und Weideland wird gemeinsam genutzt. Noch vor fünfzig Jahren wurde von Zeit zu Zeit, manchmal jährlich, neu umgetheilt. Die Flurkarte eines solchen Rundale-Dorfes sieht ganz genau so aus wie die einer deutschen Gehöferschaft an der Mosel oder im Hochwald. Auch in den Factions lebt die Gens fort. Die irischen Bauern theilen sich oft in Parteien, die auf scheinbar ganz widersinnigen oder sinnlosen Unterschieden beruhen, den Engländern ganz unverständlich sind, und keinen andern Zweck zu haben scheinen als die beliebten solennen Prügeleien der einen Faktion gegen die andre. Es sind künstliche Wiederbelebungen, nachgeborner Ersatz für die zersprengten Gentes, die die Fortdauer des ererbten Gentilinstinkts in ihrer Weise darthun. In manchen Gegenden sind übrigens die Gentilgenossen noch ziemlich auf dem alten Gebiet zusammen; so hatte noch in den dreissiger Jahren die grosse Mehrzahl der Bewohner der Grafschaft Monaghan nur vier Familiennamen, d. h. stammte aus vier Gentes oder Clans.

In Schottland datirt der Untergang der Gentilordnung von der Niederwerfung des Aufstandes von 1745. Welches Glied dieser Ordnung der schottische Clan speziell darstellt, bleibt noch zu untersuchen; dass er aber ein solches, ist unzweifelhaft. In Walter Scott's Romanen sehn wir diesen hochschottischen Clan lebendig vor uns. Er ist, sagt Morgan, „ein vortreffliches Musterbild der Gens in seiner Organisation und in seinem Geist, ein schlagendes Beispiel der Herrschaft des Gentillebens über die Gentilen.... In ihren Fehden und in ihrer Blutrache, in der Gebietsvertheilung nach Clans, in ihrer gemeinsamen Bodennutzung, in der Treue der Clanglieder gegen den Häuptling und gegen einander finden wir die überall wiederkehrenden Züge der Gentilgesellschaft.... Die Abstammung zählte nach Vaterrecht, so dass die Kinder der Männer in den Clans blieben, während die der Weiber in den Clans ihrer Väter übertraten." Dass aber in Schottland früher Mutterrecht herrschte, beweist die Thatsache, dass in der königlichen Familie der Pikten, nach Beda, weibliche Erbfolge galt. Ja selbst ein Stück Punalua-Familie hatte sich, wie bei den Walisern, so bei den Skoten, bis in's Mittelalter bewahrt in dem Recht der ersten Nacht, das der Clanhäuptling oder der König als letzter Vertreter der früheren gemeinsamen Ehemänner bei jeder Braut auszuüben berechtigt war, sofern es nicht abgekauft wurde. Dasselbe Recht — in Nordamerika kommt es im äussersten Nordwesten vielfach vor — galt auch bei den Russen, wo die Grossfürstin Olga es im zehnten Jahrhundert abschaffte.

Die in Frankreich, besonders in Nivernais und der Franche-Comté bis zur Revolution bestehenden kommunistischen Haushaltungen leibeigner Familien, ähnlich den slavischen Familiengemeinden in den serbisch-kroatischen Gegenden, sind ebenfalls Reste früherer gentiler Organisation. Sie sind noch nicht ganz ausgestorben, man sieht z. B. bei Louhans (Saône et Loire) noch eine Menge grosser, eigenthümlich gebauter Bauernhäuser mit gemeinsamem Centralsaal und Schlafkammern rings herum, von mehreren Generationen derselben Familie bewohnt.

Dass die Deutschen bis zur Völkerwanderung in Gentes organisirt waren, ist unzweifelhaft. Sie können das Gebiet zwischen Donau, Rhein, Weichsel und den nördlichen Meeren erst wenige Jahrhunderte vor unsrer Zeitrechnung besetzt haben; die Cimbern und Teutonen waren noch in voller Wanderung, und die Sueven fanden erst zu Cäsars Zeit feste Wohnsitze. Von ihnen sagt Cäsar ausdrücklich, sie hätten sich nach Gentes und Verwandtschaften (gentibus cognationibusque) niedergelassen, und im Munde eines Römers der gens Julia hat dies Wort gentibus eine nicht wegzudemonstrirende bestimmte Bedeutung. Dies galt von allen Deutschen; selbst die Ansiedlung in den eroberten Römerprovinzen geschah noch nach Gentes. Im alamannischen Volksrecht des achten Jahrhunderts wird genealogia gradezu mit Markgenossenschaft gleichbedeutend gesetzt; so dass wir hier ein deutsches Volk, und zwar wiederum Sueven, nach Geschlechtern, gentes, angesiedelt, und jeder Gens einen bestimmten Bezirk zugewiesen sehn. Bei den Burgundern und Langobarden hiess die Gens fara, und die Bezeichnung für Gentilgenossen (faramanni) wird im burgundischen Volksrecht gradezu gleichbedeutend mit Burgunder gebraucht, im Gegensatz zu den romanischen Einwohnern, die natürlich nicht in den burgundischen Gentes einbegriffen waren. Die Landtheilung ging also auch in Burgund nach Gentes vor sich. So löst sich die Frage wegen der faramanni, an der sich die germanischen Juristen seit hundert Jahren vergebens die Köpfe zerbrochen. Dieser Name fara für Gens hat schwerlich allgemein bei den Deutschen gegolten, obwohl wir ihn hier sowohl bei einem Volk gothischer, wie bei einem andern herminonischer (hochdeutscher) Abstammung finden. Die im Deutschen für Verwandtschaft angewandten Sprachwurzeln sind sehr zahlreich, und werden gleichmässig für Ausdrücke angewandt, bei denen wir Beziehung zur Gens voraussetzen dürfen.— Wie bei Mexikanern und Griechen, war auch bei den Deutschen die Schlachtordnung, sowohl die Reiterschwadron wie die Keilkolonne des Fussvolks, nach Gentilkörperschaften gegliedert; wenn Tacitus sagt: nach Familien und Verwandtschaften, so erklärt sich dieser unbestimmte Ausdruck daher, dass zu seiner Zeit die Gens in Rom längst aufgehört hatte, eine lebendige Vereinigung zu sein.

Der entscheidendste Beweis aber ist eine Stelle bei Tacitus, wo es heisst: der Mutterbruder sieht seinen Neffen an wie seinen Sohn, ja Einige halten das Blutband zwischen mütterlichem Onkel und Neffen noch heiliger und enger als das zwischen Vater und Sohn, so dass, wenn Geiseln gefordert werden, der Schwestersohn für eine grössere Garantie gilt als der eigne Sohn dessen, den man binden will. Hier haben wir ein lebendiges Stück aus der nach Mutterrecht organisirten, also ursprünglichen Gens, und zwar als etwas die Deutschen besonders Auszeichnendes.*) Wurde von

---

*) Die aus der Zeit des Mutterrechts stammende besonders enge Natur des Bandes zwischen mütterlichem Onkel und Neffen kennen die Griechen nur noch in der Mythologie der Heroenzeit. Nach Diodor IV, 34 erschlägt Meleager die Söhne des Thestius, die Brüder seiner Mutter Althäa. Diese sieht in dieser That einen so unsühnbaren Frevel, dass sie dem Mörder, ihrem eignen Sohn, flucht und ihm den Tod anwünscht. „Die Götter erhörten, wie man erzählt, ihre Wünsche und machten dem Leben des Meleager ein Ende." Nach demselben Diodor (IV, 44) landen die Argonauten unter Herakles in Thracien und finden dort, dass Phineus seine mit

Genossen einer solchen Gens der eigne Sohn zum Pfand eines Gelöbnisses gegeben und fiel als Opfer bei Vertragsbruch des Vaters, so hatte dieser das mit sich selbst auszumachen. War es aber der Schwestersohn, der geopfert wurde, so war das heiligste Gentilrecht verletzt; der nächste, zum Schutz des Knaben oder Jünglings vor allen Andern verpflichtete Gentilverwandte hatte seinen Tod verschuldet; entweder durfte er ihn nicht verpfänden oder er musste den Vertrag halten. Hätten wir sonst nicht eine Spur von Gentilverfassung bei den Deutschen, diese eine Stelle würde hinreichen.

Im Uebrigen war das Mutterrecht zu Tacitus Zeit bei den Deutschen schon dem Vaterrecht gewichen: die Kinder erbten vom Vater; wo keine Kinder waren, die Brüder und die Onkel von Vaters- und Muttersseite. Die Zulassung des Mutterbruders zur Erbschaft hängt mit der Erhaltung der eben erwähnten Sitte zusammen und beweist ebenfalls, wie jung das Vaterrecht damals noch bei den Deutschen war. Auch bis tief in's Mittelalter finden sich Spuren von Mutterrecht. Damals noch scheint man der Vaterschaft, namentlich bei Leibeignen, nicht recht getraut zu haben; wenn also ein Feudalherr von einer Stadt einen entlaufnen Leibeignen zurückforderte, musste z. B. in Augsburg, Basel und Kaiserslautern die Leibeigenschaft des Verklagten beschworen werden von sechs seiner nächsten Blutsverwandten und zwar ausschliesslich von Mutterseite. (Maurer, Städtevf. I, S. 381.)

Einen ferneren Rest des eben erst absterbenden Mutterrechts bietet die dem Römer fast unbegreifliche Achtung der Deutschen vor dem weiblichen Geschlecht. Jungfrauen aus edler Familie galten für die bindendsten

---

seiner verstossenen Gemahlin, der Boreade Kleopatra, erzeugten beiden Söhne auf Antreiben seiner neuen Gemahlin schmählich misshandelt. Aber unter den Argonauten sind auch Boreaden, Brüder der Kleopatra, also Mutterbrüder der Misshandelten. Sie nehmen sich sofort ihrer Neffen an, befreien sie und erschlagen die Wächter.

Geiseln bei Verträgen mit den Deutschen; der Gedanke daran, dass ihre Frauen in Gefangenschaft und Sklaverei fallen können, ist ihnen fürchterlich und stachelt mehr als alles Andere ihren Muth in der Schlacht; etwas Heiliges und Prophetisches sehn sie in der Frau, sie hören auf ihren Rath auch in den wichtigsten Angelegenheiten, wie denn Veleda, die brukterische Priesterin an der Lippe, die treibende Seele des ganzen Bataveraufstandes war, in dem Civilis an der Spitze von Deutschen und Belgiern die ganze Römerherrschaft in Gallien erschütterte. Im Hause scheint die Herrschaft der Frau unbestritten; sie, die Alten und Kinder haben freilich auch alle Arbeit zu besorgen, der Mann jagt, trinkt oder faulenzt. So sagt Tacitus; da er aber nicht sagt, wer den Acker bestellt, und bestimmt erklärt, die Sklaven leisteten nur Abgaben, aber keine Frohnarbeit, so wird die Masse der erwachsenen Männer doch wohl die wenige Arbeit haben thun müssen, die der Landbau erforderte.

Die Form der Ehe war, wie schon oben gesagt, eine allmälig der Monogamie sich nähernde Paarungsehe. Strikte Monogamie war es noch nicht, da Vielweiberei der Vornehmen gestattet war. Im Ganzen wurde streng auf Keuschheit der Mädchen gehalten (im Gegensatz zn den Celten) und ebenso spricht Tacitus mit einer besondern Wärme von der Unverbrüchlichkeit des Ehebandes bei den Deutschen. Nur Ehebruch der Frau gibt er als Scheidungsgrund an. Aber sein Bericht lässt hier Manches lückenhaft und trägt ohnehin den, den liederlichen Römern vorgehaltnen Tugendspiegel gar zu sehr zur Schau. So viel ist sicher: waren die Deutschen in ihren Wäldern diese ausnahmsweisen Tugendritter, so hat es nur geringer Berührung mit der Aussenwelt bedurft, um sie auf das Niveau der übrigen europäischen Durchschnittsmenschheit herunterzubringen; die letzte Spur der Sittenstrenge verschwand unter den Römern noch weit rascher als die deutsche Sprache. Man lese nur Gregor von Tours. Dass in den deutschen Urwäldern nicht die raffinirte Ueppigkeit der Sinnenlust herrschen konnte wie in Rom, versteht sich von selbst, und so bleibt den Deutschen auch in dieser Beziehung noch Vorzug genug vor der Römerwelt, ohne dass wir ihnen eine Enthaltsamkeit in fleischlichen Dingen andichten, die nie und nirgends bei einem ganzen Volk geherrscht hat.

Der Gentilverfassung entsprungen ist die Verpflichtung, die Feindschaften des Vaters oder der Verwandten ebenso zu erben wie die Freundschaften; ebenso das Wergeld, die Busse, anstatt der Blutrache, für Todtschlag oder Verletzungen. Dies Wergeld, das noch vor einem Menschenalter als eine specifisch deutsche Institution angesehn wurde, ist jetzt bei Hunderten von Völkern als allgemeine Milderungsform der aus der Gentilordnung entspringenden Blutrache nachgewiesen. Wir finden es, ebenso wie die Verpflichtung zur Gastfreundschaft, unter andern bei den amerikanischen Indianern; die Beschreibung, wie die Gastfreundschaft nach Tacitus (Germania c. 21) ausgeübt wurde, ist fast bis in die Einzelnheiten dieselbe, die Morgan von seinen Indianern gibt.

Der heisse und endlose Streit darüber, ob die Deutschen des Tacitus das Ackerland schon endgültig aufgetheilt oder nicht, und wie die betreffenden Stellen zu deuten, gehört jetzt der Vergangenheit an. Seitdem die gemeinsame Bebauung des Ackerlands durch die Gens und später durch kommunistische Familiengemeinden, die Cäsar noch bei den Sueven bezeugt, und die ihr folgende Landzuweisung an einzelne Familien mit periodischer Neu-Auftheilung fast bei allen Völkern nachgewiesen, seitdem festgestellt ist, dass diese periodische Wiedervertheilung des Ackerlands in Deutschland selbst stellenweise bis auf unsre Tage sich erhalten hat, ist darüber kein Wort weiter zu verlieren. Wenn die Deutschen von dem gemeinsamen Landbau, den Cäsar den Sueven ausdrücklich zuschreibt (getheilten oder Privatacker gibt es bei ihnen durchaus nicht, sagt er) in den 150 Jahren bis zu Tacitus übergegangen waren zur Einzelbebauung mit jährlicher Neuvertheilung des Bodens, so ist das wahrlich Fortschritt genug; der Uebergang von jener Stufe zum vollen Privateigenthum am Boden während jener kurzen Zwischenzeit und ohne jede fremde Einmischung schliesst eine einfache Unmöglichkeit ein. Ich lese also im Tacitus nur, was er mit dürren Worten sagt: sie wechseln (oder theilen neu um) das bebaute Land jedes Jahr und es bleibt Gemeinland genug dabei übrig. Es ist die Stufe des Ackerbaus und der Boden-Aneignung, die der damaligen Gentilverfassung der Deutschen genau entspricht.

Während bei Cäsar die Deutschen theils eben erst zu festen Wohnsitzen gekommen sind, theils noch solche suchen, haben sie zu Tacitus Zeit schon ein volles Jahrhundert der Ansässigkeit hinter sich; dem entsprechend ist der Fortschritt in der Produktion des Lebensunterhalts unverkennbar. Sie wohnen in Blockhäusern; ihre Kleidnng ist noch sehr waldursprünglich; grober Wollenmantel, Thierfelle, für Frauen und Vornehme leinene Unterkleider. Ihre Nahrung ist Milch, Fleisch, wilde Früchte, und, wie Plinius hinzufügt, Haferbrei (noch jetzt celtische Nationalkost in Irland und Schottland). Ihr Reichthum besteht in Vieh; dies aber ist von schlechter Race, die Rinder klein, unansehnlich, ohne Hörner; die Pferde kleine Ponies und keine Renner. Geld wurde selten und wenig gebraucht, nur römisches. Gold und Silber verarbeiteten sie nicht und achteten seiner nicht, Eisen war selten und scheint wenigstens bei den Stämmen an Rhein und Donau fast nur eingeführt, nicht selbstgewonnen zu sein. Die Runenschrift (griechischen oder lateinischen Buchstaben nachgeahmt) war nur als Geheimschrift bekannt und wurde nur zu religiöser Zauberei gebraucht. Menschenopfer waren noch im Gebrauch. Kurz, wir haben hier ein Volk vor uns, das sich soeben aus der Mittelstufe der Barbarei auf die Oberstufe erhoben hatte. Während aber die an die Römer unmittelbar angrenzenden Stämme durch die erleichterte Einfuhr römischer Industrieprodukte an der Entwicklung einer selbständigen Metall- und Textilindustrie verhindert wurden, bildete sich eine solche im Nordosten, an der Ostsee, ganz unzweifelhaft aus. Die in den schleswigschen Mooren gefundenen Rüstungsstücke — langes Eisenschwert, Kettenpanzer,

Silberhelm etc., mit römischen Münzen vom Ende des zweiten Jahrhunderts — und die durch die Völkerwanderung verbreiteten deutschen Metallsachen zeigen einen ganz eignen Typus von nicht geringer Ausbildung, selbst wo sie sich an ursprünglich römische Muster anlehnen. Die Auswanderung in das civilisirte Römerreich machte dieser einheimischen Industrie überall ein Ende, ausser in England. Wie einheitlich diese Industrie entstanden und fortgebildet war, zeigen z. B. die bronzenen Spangen; die in Burgund, in Rumänien, am Asow'schen Meer gefundenen könnten mit englischen und schwedischen aus derselben Werkstatt hervorgegangen sein, und sind ebenso unbezweifelt germanischen Ursprungs.

Der Oberstufe der Barbarei entspricht auch die Verfassung. Allgemein bestand nach Tacitus der Rath der Vorsteher (principes), der geringere Sachen entschied, wichtigere aber für die Entscheidung der Volksversammlung vorbereitete; diese selbst besteht auf der Unterstufe der Barbarei wenigstens da wo wir sie kennen, bei den Amerikanern, nur erst für die Gens, noch nicht für den Stamm oder den Stämmebund. Die Vorsteher (principes) scheiden sich noch scharf von den Kriegsführern (duces), ganz wie bei den Irokesen. Erstere leben schon zum Theil von Ehrengeschenken an Vieh, Korn etc. von den Stammesgenossen; sie werden, wie in Amerika, meist aus derselben Familie gewählt; der Uebergang zum Vaterrecht begünstigt, wie in Griechenland und Rom, die allmälige Verwandlung der Wahl in Erblichkeit und damit die Bildung einer Adelsfamilie in jeder Gens. Dieser alte, sogenannte Stammesadel ging meist unter in der Völkerwanderung oder doch bald nachher. Die Heerführer wurden ohne Rücksicht auf Abstammung, bloss nach der Tüchtigkeit gewählt. Sie hatten wenig Gewalt und mussten durch's Beispiel wirken; die eigentliche Disciplinargewalt beim Heer legt Tacitus ausdrücklich den Priestern bei. Die wirkliche Macht lag bei der Volksversammlung. Der König oder Stammesvorsteher präsidirt; das Volk entscheidet — nein: durch Murren; ja: durch Akklamation und Waffenlärm. Sie ist zugleich

Gerichtsversammlung; hier werden Klagen vorgebracht und abgeurtheilt, hier Todesurtheile gefällt, und zwar steht der Tod nur auf Feigheit, Volksverrath und unnatürlicher Wollust. Auch in den Gentes und andern Unterabtheilungen richtet die Gesammtheit unter Vorsitz des Vorstehers, der, wie in allem deutschen ursprünglichen Gericht, nur Leiter der Verhandlung und Fragesteller gewesen sein kann; Urtheilsfinder war von jeher und überall bei Deutschen die Gesammtheit.

Bünde von Stämmen hatten sich seit Cäsars Zeit ausgebildet; bei einigen von ihnen gab es schon Könige; der oberste Heerführer, wie bei Griechen und Römern, strebte bereits der Tyrannis zu und erlangte sie zuweilen. Solche glückliche Usurpatoren waren nun keineswegs unbeschränkte Herrscher; aber sie fingen doch schon an, die Fesseln der Gentilverfassung zu brechen. Während sonst freigelassne Sklaven eine untergeordnete Stellung einnahmen, weil sie keiner Gens angehören konnten, kamen solche Günstlinge bei den neuen Königen oft zu Rang, Reichthum und Ehren. Gleiches geschah nach der Eroberung des Römerreichs von den nun zu Königen grosser Länder gewordnen Heerführern. Bei den Franken spielten Sklaven und Freigelassne des Königs erst am Hof, dann im Staat eine grosse Rolle; zum grossen Theil stammt der neue Adel von ihnen ab.

Eine Einrichtung begünstigte das Aufkommen des Königthums: die Gefolgschaften. Schon bei den amerikanischen Rothhäuten sahen wir, wie sich neben der Gentilverfassung Privatgesellschaften zur Kriegführung auf eigne Faust bilden. Diese Privatgesellschaften waren bei den Deutschen bereits ständige Vereine geworden. Kriegsführer, die sich einen Ruf erworben, versammelten eine Schaar beutelustiger junger Leute um sich, ihm zu persönlicher Treue, wie er ihnen, verpflichtet. Der Führer verpflegte und beschenkte sie, ordnete sie hierarchisch; eine Leibgarde und schlagfertige Truppe zu kleineren, ein fertiges Offizierkorps für grössere Auszüge. Schwach wie diese Gefolgschaften gewesen sein müssen und auch z. B. bei Odovaker in Italien später erscheinen, so bildeten sie doch schon den Keim des Verfalls der alten Volksfreiheit und bewährten sich als solche in und nach der Völkerwanderung. Denn erstens begünstigten sie das Aufkommen der königlichen Gewalt. Zweitens aber konnten sie, wie schon Tacitus bemerkt, zusammengehalten werden nur durch fortwährende Kriege und Raubzüge. Der Raub wurde Zweck. Hatte der Gefolgsherr in der Nähe nichts zu thun, so zog er mit seiner Mannschaft zu andern Völkern, bei denen es Krieg und Aussicht auf Beute gab; die deutschen Hülfsvölker, die unter römischer Fahne selbst gegen Deutsche in grosser Menge fochten, waren zum Theil durch solche Gefolgschaften zusammengebracht. Das Landsknechtswesen, die Schmach und der Fluch der Deutschen, war hier schon in der ersten Anlage vorhanden. Nach Eroberung des Römerreichs bildeten diese Gefolgsleute der Könige neben den unfreien und römischen Hofbedienten den zweiten Hauptbestandtheil des späteren Adels.

Im Ganzen gilt also für die zu Völkern verbündeten deutschen Stämme dieselbe Verfassung, wie sie sich bei den Griechen der Heroenzeit und den Römern der sogenannten Königszeit entwickelt hatte: Volksversammlung, Rath der Gentilvorsteher, Heerführer, der schon einer wirklichen königlichen Gewalt zustrebt. Es war die ausgebildetste Verfassung, die die Gentilordnung überhaupt entwickeln konnte; sie war die Musterverfassung der Oberstufe der Barbarei. Schritt die Gesellschaft hinaus über die Grenzen, innerhalb deren diese Verfassung genügte, so war es aus mit der Gentilordnung; sie wurde gesprengt, der Staat trat an ihre Stelle.

VIII. Die Staatsbildung der Deutschen.

Die Deutschen waren nach Tacitus ein sehr zahlreiches Volk. Eine ungefähre Vorstellung von der Stärke deutscher Einzelvölker erhalten wir bei Cäsar; er gibt die Zahl der auf dem linken Rheinufer erschienenen Usipeter und Tenkterer auf 180,000 Köpfe an, Weiber und Kinder eingeschlossen. Also etwa 100,000 auf ein Einzelvolk,*) schon bedeutend mehr als z. B. die Gesammtheit der Irokesen in ihrer Blütezeit, wo sie, nicht 20,000 Köpfe stark, der Schrecken des ganzen Landes wurden, von den grossen Seen bis an den Ohio und Potomac. Ein solches Einzelvolk nimmt auf der Karte, wenn wir versuchen, die in der Nähe des Rheins angesessenen, genauer bekannten nach den Berichten zu gruppiren, im Durchschnitt ungefähr den Raum eines preussischen Regierungsbezirks ein, als etwa 10,000 Quadratkilometer oder 182 geographische Quadratmeilen. Germania Magna der Römer aber, bis an die Weichsel, umfasst in runder Zahl 500,000 Quadratkilometer. Bei einer durchschnittlichen Kopfzahl der Einzelvölker von 100,000, würde die Gesammtzahl für Germania Magna sich auf fünf Millionen berechnen; für eine barbarische

---

*) Die hier angenommene Zahl wird bestätigt durch eine Stelle Diodors über die gallischen Celten : „In Gallien wohnen viele Völkerschaften von ungleicher Stärke. Bei den grössten beträgt die Menschenzahl ungefähr 200,000, bei den kleinsten 50,000." (Diodorus Siculus, V, 25.) Also durchschnittlich 125,000; die gallischen Einzelvölker sind, bei ihrem höheren Entwicklungsstand, unbedingt etwas zahlreicher anzunehmen als die deutschen.

Völkergruppe eine ansehnliche Zahl, für unsre Verhältnisse — 10 Köpfe auf den Quadratkilometer oder 550 auf die geographische Quadratmeile — äusserst gering. Damit aber ist die Zahl der damals lebenden Deutschen keineswegs erschöpft. Wir wissen, dass die Karpathen entlang bis zur Donaumündung hinab deutsche Völker gothischen Stamms wohnten, Bastarner, Peukiner und andre, so zahlreich, dass Plinius aus ihnen den fünften Hauptstamm der Deutschen zusammensetzt und dass sie, die schon 180 vor unsrer Zeitrechnung im Solddienst des makedonischen Königs Perseus auftreten, noch in den ersten Jahren des Augustus bis in die Gegend von Adrianopel vordrangen. Rechnen wir sie nur für eine Million, so haben wir als wahrscheinliche Anzahl der Deutschen zu Anfang unsrer Zeitrechnung mindestens sechs Millionen.

Nach der Niederlassung in Germanien muss sich die Bevölkerung mit steigender Geschwindigkeit vermehrt haben; die oben erwähnten industriellen Fortschritte allein würden dies beweisen. Die schleswig'schen Moorfunde sind, nach den zugehörigen römischen Münzen, aus dem dritten Jahrhundert. Um diese Zeit herrschte also schon an der Ostsee ausgebildete Metall- und Textilindustrie, reger Verkehr mit dem Römerreich und ein gewisser Luxus bei Reicheren — Alles Spuren dichterer Bevölkerung. Um diese Zeit aber beginnt auch der allgemeine Angriffskrieg der Deutschen auf der ganzen Linie des Rheins, des römischen Grenzwalls und der Donau, von der Nordsee bis zum Schwarzen Meer — direkter Beweis der immer stärker werdenden, nach Aussen drängenden Volkszahl. Dreihundert Jahre dauerte der Kampf, während dessen der ganze Hauptstamm gothischer Völker (mit Ausnahme der skandinavischen Gothen und der Burgunder) nach Südosten zog und den linken Flügel der grossen Angriffslinie bildeten, in deren Centrum die Hochdeutschen (Herminonen) an der Ober-Donau und auf dessen rechtem Flügel die Iskävonen, jetzt Franken genannt, am Rhein vordrangen; den Ingävonen fiel die Eroberung Britanniens zu. Am Ende des fünften Jahrhunderts lag das

Römerreich entkräftet, blutlos und hülflos den eindringenden Deutschen offen.

Wir standen oben an der Wiege der antiken griechischen und römischen Civilisation. Hier stehn wir an ihrem Sarg. Ueber alle Länder des Mittelmeer-Beckens war der nivellirende Hobel der römischen Weltherrschaft gefahren, und das Jahrhunderte lang. Wo nicht das Griechische Widerstand leistete, hatten alle Nationalsprachen einem verdorbenen Lateinisch weichen müssen; es gab keine Nationalunterschiede, keine Gallier, Iberer, Ligurer, Noriker mehr, sie alle waren Römer geworden. Die römische Verwaltung und das römische Recht hatten überall die alten Geschlechterverbände aufgelöst, und damit den letzten Rest lokaler und nationaler Selbstthätigkeit. Das neugebackne Römerthum bot keinen Ersatz; es drückte keine Nationalität aus, sondern nur den Mangel einer Nationalität. Die Elemente neuer Nationen waren überall vorhanden; die lateinischen Dialekte der verschiednen Provinzen schieden sich mehr und mehr; die natürlichen Grenzen, die Italien, Gallien, Spanien, Afrika früher zu selbstständigen Gebieten gemacht hatten, waren noch vorhanden und machten sich auch noch fühlbar. Aber nirgends war die Kraft vorhanden, diese Elemente zu neuen Nationen zusammenzufassen; nirgends war noch eine Spur von Entwicklungsfähigkeit, von Widerstandskraft, geschweige von Schaffungsvermögen. Die ungeheure Menschenmasse des ungeheuren Gebiets hatte nur ein Band, das sie zusammenhielt: den römischen Staat, und dieser war mit der Zeit ihr schlimmster Feind und Unterdrücker geworden. Die Provinzen hatten Rom vernichtet; Rom selbst war eine Provinzialstadt geworden wie die andern — bevorrechtet, aber nicht länger herrschend, nicht länger Mittelpunkt des Weltreichs, nicht einmal mehr Sitz der Kaiser und Unterkaiser, die in Konstantinopel, Trier, Mailand wohnten. Der römische Staat war eine riesige, komplicirte Maschine geworden, ausschliesslich zur Aussaugung der Unterthanen. Steuern und Lieferungen aller Art drückten die Masse der Bevölkerung in immer tiefere Armuth; bis zur Unerträglichkeit wurde der Druck gesteigert durch die Erpressungen der Statthalter, Steuereintreiber, Soldaten. Dahin hatte es der römische Staat mit seiner Weltherrschaft gebracht: er gründete sein Existenzrecht auf die Erhaltung der Ordnung nach Innen und den Schutz gegen die Barbaren nach Aussen. Aber seine Ordnung war schlimmer als die ärgste Unordnung, und die Barbaren, gegen die er die Bürger zu schützen vorgab, wurden von diesen als Retter ersehnt.

Der Gesellschaftszustand war nicht weniger verzweifelt. Schon seit den letzten Zeiten der Republik war die Römerherrschaft auf rücksichtslose Ausbeutung der eroberten Provinzen ausgegangen; das Kaiserthum hatte diese Ausbeutung nicht abgeschafft, sondern im Gegentheil geregelt. Je mehr das Reich verfiel, desto höher stiegen Steuern und Leistungen, desto schamloser raubten und erpressten die Beamten. Handel und Industrie waren nie Sache der völkerbeherrschenden Römer gewesen; nur im Zinswucher hatten sie Alles übertroffen, was vor und nach ihnen war. Was sich von Handel vorgefunden und erhalten hatte, ging zu Grunde unter der Beamten-Erpressung; was sich noch durchschlug, fällt auf den östlichen, griechischen Theil des Reichs, der ausser unsrer Betrachtung liegt. Allgemeine Verarmung, Rückgang des Verkehrs, des Handwerks, der Kunst, Abnahme der Bevölkerung, Verfall der Städte, Rückkehr des Ackerbaus auf eine niedrigere Stufe — das war das Endresultat der römischen Weltherrschaft.

Der Ackerbau, in der ganzen alten Welt der entscheidende Produktionszweig, war es wieder mehr als je. In Italien waren die, seit Ende der Republik fast das ganze Gebiet einnehmenden ungeheuren Güterkomplexe (Latifundien) auf zweierlei Weise verwerthet worden. Entweder als Viehweide, wo die Bevölkerung durch Schafe und Ochsen ersetzt war, deren Wartung nur wenige Sklaven erforderte. Oder als Villen, die mit Massen von Sklaven Gartenbau in grossem Styl trieben, theils für den Luxus des Besitzers, theils für den Absatz auf den städtischen Märkten. Die grossen Viehweiden hatten sich erhalten und wohl noch ausgedehnt; die Villengüter und ihr Gartenbau waren verkommen mit der Verarmung ihrer Besitzer und dem Verfall der Städte. Die auf Sklavenarbeit gegründete Latifundienwirthschaft rentirte sich nicht mehr; sie war aber damals die einzig mögliche Form der grossen Agrikultur. Die Kleinkultur war wieder die allein lohnende Form geworden. Eine Villa nach der andern wurde in kleine Parzellen zerschlagen und ausgegeben an Erbpächter, die eine bestimmte Summe zahlten, oder partiarii, mehr Verwalter als Pächter, die den sechsten oder gar nur neunten Theil des Jahresprodukts für ihre Arbeit erhielten. Vorherrschend aber wurden diese kleinen Ackerparzellen an Kolonen ausgethan, die dafür einen bestimmten jährlichen Betrag zahlten, an die Scholle gefesselt waren und mit ihrer Parzelle verkauft werden konnten; sie waren zwar keine Sklaven, aber auch nicht frei, konnten sich nicht mit Freien verheirathen und ihre Ehen unter einander werden nicht als vollgültige Ehen, sondern wie die der Sklaven als blosse Beischläferei (contubernium) angesehn. Sie waren die Vorläufer der mittelalterlichen Leibeignen.

Die antike Sklaverei hatte sich überlebt.. Weder auf dem Lande in der grossen Agrikultur, noch in den städtischen Manufakturen gab sie einen Ertrag mehr, der der Mühe werth war — der Markt für ihre Produkte war ausgegangen. Der kleine Ackerbau aber und das kleine Handwerk, worauf die riesige Produktion der Blütezeit des Reichs zusammengeschrumpft war, hatte keinen Raum für zahlreiche Sklaven. Nur für Haus- und Luxussklaven der Reichen war noch Platz in der Gesellschaft. Aber die absterbende Sklaverei war immer noch hinreichend, alle produktive Arbeit als Sklaventhätigkeit, als freier Römer — und das war ja jetzt Jedermann — unwürdig erscheinen zu lassen. Daher einerseits wachsende Zahl der Freilassungen überflüssiger, zur Last gewordener Sklaven, andrerseits Zunahme der Kolonen hier, der verlumpten Freien (ähnlich den poor whites der Ex-Sklavenstaaten

Amerikas) dort. Das Christenthum ist am allmäligen Aussterben der antiken Sklaverei vollständig unschuldig. Es hat die Sklaverei Jahrhunderte lang im Römerreich mitgemacht, und später nie den Sklavenhandel der Christen verhindert, weder den der Deutschen im Norden, noch den der Venetianer im Mittelmeer, noch den späteren Negerhandel.*) Die Sklaverei bezahlte sich nicht mehr, darum starb sie aus. Aber die sterbende Sklaverei liess ihren giftigen Stachel zurück in der Aechtung der produktiven Arbeit der Freien. Hier war die ausweglose Sackgasse, in der die römische Welt stak: die Sklaverei war ökonomisch unmöglich, die Arbeit der Freien war moralisch geächtet. Die eine konnte nicht mehr, die andre noch nicht, Grundform der gesellschaftlichen Produktion sein. Was hier allein helfen konnte, war nur eine vollständige Revolution.

In den Provinzen sah es nicht besser aus. Wir haben die meisten Nachrichten aus Gallien. Neben den Kolonen gab es hier noch freie Kleinbauern. Um gegen Vergewaltigung durch Beamte, Richter und Wucherer gesichert zu sein, begaben sich diese häufig in den Schutz, das Patronat eines Mächtigen; und zwar nicht nur Einzelne thaten dies, sondern ganze Gemeinden, so dass die Kaiser im vierten Jahrhundert mehrfach Verbote dagegen erliessen. Aber was half es den Schutzsuchenden? Der Patron stellte ihnen die Bedingung, dass sie das Eigenthum ihrer Grundstücke an ihn übertrügen, wogegen er ihnen die Nutzniessung auf Lebenszeit zusicherte — ein Kniff, den die heilige Kirche sich merkte und im 9. und 10. Jahrhundert zur Mehrung des Reiches Gottes und ihres eignen Grundbesitzes weidlich nachahmte. Damals freilich, gegen das Jahr 475, eifert der Bischof Salvianus von Marseille

---

*) Nach dem Bischof Liutprand von Cremona war im 10. Jahrhundert in Verdun, also im heiligen deutschen Reich, der Hauptindustriezweig die Fabrikation von Eunuchen, die mit grossem Profit nach Spanien für die maurischen Harems exportirt wurden.

noch entrüstet gegen solchen Diebstahl und erzählt, der Druck der römischen Beamten und grossen Grundherren sei so arg geworden, dass viele „Römer" in die schon von Barbaren besetzten Gegenden flöhen und die dort ansässigen römischen Bürger vor nichts mehr Angst hätten, als wieder unter römische Herrschaft zu kommen. Dass damals Eltern häufig aus Armuth ihre Kinder in die Sklaverei verkauften, beweist ein dagegen erlassenes Gesetz.

Dafür, dass die deutschen Barbaren die Römer von ihrem eignen Staat befreiten, nahmen sie ihnen zwei Drittel des gesammten Bodens und theilten ihn unter sich. Die Theilung geschah nach der Gentilverfassung; bei der verhältnissmässig geringen Zahl der Eroberer blieben sehr grosse Striche ungetheilt, Besitz theils des ganzen Volks, theils der einzelne Stämme und Gentes. In jeder Gens wurde das Acker- und Wiesenland unter die einzelnen Haushaltungen zu gleichen Theilen verloost; ob in der ersten Zeit wiederholte Auftheilungen stattfanden, wissen wir nicht, jedenfalls verloren sie sich in den Römerprovinzen bald und die Einzelantheile wurden veräusserliches Privateigenthum, Alod. Wald und Weide blieb ungetheilt zu gemeinsamer Nutzung; diese Nutzung sowie die Art der Bebauung der aufgetheilten Flur wurde geregelt nach altem Brauch und nach Beschluss der Gesammtheit. Je länger die Gens in ihrem Dorfe sass, und je mehr Deutsche und Römer allmälig verschmolzen, desto mehr trat der verwandtschaftliche Charakter des Bandes zurück vor dem territorialen; die Gens verschwand in der Markgenossenschaft, in der allerdings noch oft genug Spuren des Ursprungs aus Verwandtschaft der Genossen sichtbar sind. So ging hier die Gentilverfassung, wenigstens in den Ländern, wo die Markgemeinschaft sich erhielt — Nordfrankreich, England, Deutschland und Skandinavien — unmerklich in eine Ortsverfassung über und erhielt damit die Fähigkeit der Einpassung in den Staat. Aber sie behielt dennoch den naturwüchsig demokratischen Charakter bei, der die ganze Gentilverfassung auszeichnet, und erhielt so selbst in der ihr später

8

aufgezwungnen Ausartung ein Stück Gentilverfassung und damit eine Waffe in den Händen der Unterdrückten lebendig bis in die neuste Zeit.

Wenn so das Blutband in der Gens bald verloren ging, so war dies die Folge davon, dass auch im Stamm und Gesammtvolk seine Organe ausarteten in Folge der Eroberung. Wir wissen, dass Herrschaft über Unterworfene mit der Gentilverfassung unverträglich ist. Hier sehen wir dies auf grossem Massstab. Die deutschen Völker, Herren der Römerprovinzen, hatten diese ihre Eroberung zu organisiren. Weder aber konnte man die Römermassen in die Gentilkörper aufnehmen, noch sie vermittelst dieser beherrschen. An die Spitze der, zunächst grossentheils fortbestehenden, römischen lokalen Verwaltungskörper musste man einen Ersatz für den römischen Staat stellen, und dieser konnte nur ein andrer Staat sein. Die Organe der Gentilverfassung mussten sich so in Staatsorgane verwandeln, und dies, dem Drang der Umstände gemäss, sehr rasch. Der nächste Repräsentant des erobernden Volks war aber der Heerführer. Die Sicherung des eroberten Gebiets nach Innen und Aussen forderte Stärkung seiner Macht. Der Augenblick war gekommen zur Verwandlung der Feldherrnschaft in Königthum: sie vollzog sich.

Nehmen wir das Frankenreich. Hier waren dem siegreichen Volk der Salier nicht nur die weiten römischen Staatsdomänen, sondern auch noch alle die sehr grossen Landstrecken als Volksbesitz zugefallen, die nicht an die grösseren und kleineren Gau- und Markgenossenschaften vertheilt waren, namentlich alle grösseren Waldkomplexe. Das erste, was der aus einem einfachen obersten Heerführer in einen wirklichen Landesfürsten verwandelte Frankenkönig that, war, dies Volkseigenthum in königliches Gut zu verwandeln, es dem Volk zu stehlen und an sein Gefolge zu verschenken oder zu verleihen. Dies Gefolge, ursprünglich seine persönliche Kriegsgefolgschaft und die übrigen Unterführer des Heers, verstärkte sich bald nicht nur durch Römer, d. h. romanisirte Gallier, die ihm durch ihre Schreiberkunst, ihre Bildung, ihre Kenntniss der romanischen Landessprache und lateinischen Schriftsprache, sowie des Landesrechts bald unentbehrlich wurden, sondern auch durch Sklaven, Leibeigne und Freigelassene, die seinen Hofstaat ausmachten und aus denen er seine Günstlinge wählte. An alle diese wurden Stücke des Volkslandes zuerst meist verschenkt, später in der Form von Beneficien zuerst meist auf Lebenszeit des Königs verliehen und so die Grundlage eines neuen Adels auf Kosten des Volks geschaffen.

Damit nicht genug. Die weite Ausdehnung des Reichs war mit den Mitteln der alten Gentilverfassung nicht zu regieren; der Rath der Vorsteher, war er nicht längst abgekommen, hätte sich nicht versammeln können und wurde bald durch die ständige Umgebung des Königs ersetzt; die alte Volksversammlung blieb zum Schein bestehn, wurde aber ebenfalls mehr und mehr blosse Versammlung der Unterführer des Heers und der neuaufkommenden Grossen. Die freien grundbesitzenden Bauern, die Masse des fränkischen Volks, wurden durch die ewigen Bürger- und Eroberungskriege, letztere namentlich unter Karl dem Grossen, ganz so erschöpft und heruntergebracht, wie früher die römischen Bauern in den letzten Zeiten der Republik. Sie, die ursprünglich das ganze Heer, und nach der Eroberung Frankreichs dessen Kern gebildet hatten, waren am Anfang des neunten Jahrhunderts so verarmt, dass kaum noch der fünfte Mann ausziehen konnte. An die Stelle des direkt vom König aufgebotenen Heerbannes freier Bauern trat ein Heer, zusammengesetzt aus den Dienstleuten der neuaufgekommenen Grossen, darunter auch hörige Bauern, die Nachkommen derer, die früher keinen Herrn als den König, und noch früher gar keinen, nicht einmal einen König gekannt hatten. Unter den Nachfolgern Karl's wurde der Ruin des fränkischen Bauernstandes durch innere Kriege, Schwäche der königlichen Gewalt und entsprechende Uebergriffe der Grossen, zu denen nun noch die von Karl eingesetzten und nach Erblichkeit des Amts strebenden Gaugrafen kamen, endlich durch die Einfälle der Normannen vollendet.

Fünfzig Jahre nach dem Tode Karl's des Grossen lag das Frankenreich ebenso widerstandslos zu den Füssen der Normannen, wie vierhundert Jahre früher das Römerreich zu den Füssen der Franken.

Und nicht nur die äussere Ohnmacht, sondern auch die innere Gesellschaftsordnung oder vielmehr -Unordnung war fast dieselbe. Die freien fränkischen Bauern waren in eine ähnliche Lage versetzt wie ihre Vorgänger, die römischen Kolonen. Durch die Kriege und Plünderungen ruinirt, hatten sie sich in den Schutz der neuaufgekommenen Grossen oder der Kirche begeben müssen, da die königliche Gewalt zu schwach war, sie zu schützen; aber diesen Schutz mussten sie theuer erkaufen. Wie früher die gallischen Bauern, mussten sie das Eigenthum an ihrem Grundstück an den Schutzherrn übertragen und erhielten dies von ihm zurück als Zinsgut unter verschiedenen und wechselnden Formen, stets aber nur gegen Leistung von Diensten und Abgaben; einmal in diese Form von Abhängigkeit versetzt, verloren sie nach und nach auch die persönliche Freiheit; nach wenig Generationen waren sie zumeist schon Leibeigne. Wie rasch der Untergang des freien Bauernstands sich vollzog, zeigt Irminon's Grundbuch der Abtei Saint Germain des Prés, damals bei, jetzt in Paris. Auf dem weiten, in der Umgegend zerstreuten Grundbesitz dieser Abtei sassen damals, noch zu Lebzeiten Karl's des Grossen, 2788 Haushaltungen, fast ausnahmslos Franken mit deutschen Namen. Darunter 2080 Kolonen, 35 Liten, 220 Sklaven und nur 8 freie Hintersassen! Die von Salvianus für gottlos erklärte Uebung, dass der Schutzherr das Grundstück des Bauern sich zu Eigenthum übertragen liess und es ihm nur auf Lebenszeit zur Nutzung zurückgab, wurde jetzt von der Kirche gegen die Bauern allgemein praktizirt. Die Frohndienste, die jetzt mehr und mehr in Gebrauch kamen, hatten in den römischen Angarien, Zwangsdiensten für den Staat, ihr Vorbild ebensosehr gehabt wie in den Diensten der deutschen Markgenossen für Brücken- und Wegebauten und andre gemeinsame Zwecke. Dem Schein nach war also die Masse der

Bevölkerung nach vierhundert Jahren ganz wieder beim Anfang angekommen.

Das aber bewies nur zweierlei: Erstens, dass die gesellschaftliche Gliederung und die Eigenthumsvertheilung im sinkenden Römerreich der damaligen Stufe der Produktion in Ackerbau und Industrie vollständig entsprochen hatte, also unvermeidlich gewesen war; und zweitens, dass diese Produktionsstufe während der folgenden vierhundert Jahre weder wesentlich gesunken war, noch sich wesentlich gehoben hatte, also mit derselben Nothwendigkeit dieselbe Eigenthumsvertheilung und dieselben Bevölkerungsklassen wieder erzeugt hatte. Die Stadt hatte in den letzten Jahrhunderten des Römerreichs ihre frühere Herrschaft über das Land verloren und in den ersten Jahrhunderten der deutschen Herrschaft sie nicht wieder erhalten. Es setzt dies eine niedrige Entwicklungsstufe sowohl des Ackerbaus wie der Industrie voraus. Diese Gesammtlage produzirt mit Nothwendigkeit grosse herrschende Grundbesitzer und abhängige Kleinbauern. Wie wenig es möglich war, einerseits die römische Latifundienwirthschaft mit Sklaven, andrerseits die neuere Grosskultur mit Frohnarbeit einer solchen Gesellschaft aufzupropfen, beweisen Karl's des Grossen ungeheure, aber fast spurlos vorübergegangene Experimente mit den berühmten kaiserlichen Villen. Sie wurden fortgesetzt nur von Klöstern und waren nur für diese fruchtbar; die Klöster aber waren abnorme Gesellschaftskörper, gegründet auf Ehelosigkeit; sie konnten Ausnahmsweises leisten, mussten aber ebendesshalb auch Ausnahmen bleiben.

Und doch war man während dieser vierhundert Jahre weiter gekommen. Finden wir auch am Ende fast dieselben Hauptklassen wieder vor wie am Anfang, so waren doch die Menschen andre geworden, die diese Klassen bildeten. Verschwunden war die antike Sklaverei, verschwunden die verlumpten armen Freien, die die Arbeit als sklavisch verachteten. Zwischen dem römischen Kolonen und dem neuen Hörigen hatte der freie fränkische Bauer gestanden. Das „unnütze Erinnern und der vergebliche Streit" des verfallenden Römerthums war todt und begraben. Die Gesellschaftsklassen des neunten Jahrhunderts hatten sich gebildet, nicht in der Versumpfung einer untergehenden Civilisation, sondern in den Geburtswehen einer neuen. Das neue Geschlecht, Herren wie Diener, war ein Geschlecht von Männern, verglichen mit seinen römischen Vorgängern. Das Verhältniss von mächtigen Grundherren und dienenden Bauern, das für diese die auswegslose Untergangsform der antiken Welt gewesen, es war jetzt für jene der Ausgangspunkt einer neuen Entwicklung. Und dann, so unproduktiv diese vierhundert Jahre auch scheinen, ein grosses Produkt hinterliessen sie: die modernen Nationalitäten, die Neugestaltung und Gliederung der westeuropäischen Menschheit für die kommende Geschichte. Die Deutschen hatten in der That Europa neu belebt, und darum endete die Staatenauflösung der germanischen Periode nicht mit normännisch-sarazenischer Unterjochung, sondern mit der Fortbildung der Beneficien und der Schutzergebung (Kommendation) zum Feudalismus.

Was aber war das geheimnissvolle Zaubermittel, wodurch die Deutschen dem absterbenden Europa neue Lebenskraft einhauchten? War es eine, dem deutschen Volksstamm eingeborne Wundermacht, wie unsre chauvinistische Geschichtsschreibung uns vordichtet? Keineswegs. Die Deutschen waren, besonders damals, ein hochbegabter arischer Stamm, und in voller lebendiger Entwicklung begriffen. Aber nicht ihre specifischen nationalen Eigenschaften waren es, die Europa verjüngt haben, sondern einfach — ihre Barbarei, ihre Gentilverfassung.

Ihre persönliche Tüchtigkeit und Tapferkeit, ihr Freiheitssinn und demokratischer Instinkt, der in allen öffentlichen Angelegenheiten seine eigenen Angelegenheiten sah, kurz, alle die Eigenschaften, die dem Römer abhanden gekommen und die allein im Stande, aus dem Schlamm der Römerwelt neue Staaten zu bilden und neue Nationalitäten wachsen zu lassen — was waren sie anders als die Charakterzüge des Barbaren der Oberstufe — Früchte seiner Gentilverfassung?

Wenn sie die antike Form der Monogamie umgestalteten, die Männerherrschaft in der Familie milderten, der Frau eine höhere Stellung gaben, als die klassische Welt sie je gekannt, was befähigte sie dazu, wenn nicht ihre Barbarei, ihre Gentilgewohnheiten, ihre noch lebendigen Erbschaften aus der Zeit des Mutterrechtes?

Wenn sie wenigstens in dreien der wichtigsten Länder, Deutschland, Nordfrankreich und England, ein Stück ächter Gentilverfassung in der Form der Markgenossenschaften in den Feudalstaat hinüberretteten, und damit der unterdrückten Klasse, den Bauern, selbst unter der härtesten mittelalterlichen Leibeigenschaft, einen lokalen Zusammenhalt und ein Mittel des Widerstands gaben, wie es weder die antiken Sklaven fertig vorfanden noch die modernen Proletarier — wem war das geschuldet, wenn nicht ihrer Barbarei, ihrer ausschliesslich barbarischen Ansiedlungsweise nach Geschlechtern?

Und endlich, wenn sie die bereits in der Heimath geübte mildere Form der Knechtschaft, in die auch im Römerreich die Sklaverei mehr und mehr überging, ausbilden und zur ausschliesslichen erheben konnten; eine Form, die, wie Fourier zuerst hervorgehoben, den Geknechteten die Mittel zur allmäligen Befreiung **als Klasse** gibt (fournit aux cultivateurs des moyens d'affranchissement **collectif et progressif**); eine Form, die sich hierdurch hoch über die Sklaverei stellt, bei der nur die sofortige Einzelfreilassung ohne Uebergangszustand möglich (Abschaffung der Sklaverei durch siegreiche Rebellion kennt das Alterthum nicht) — während in der That die Leibeignen des Mittelalters nach und nach ihre Befreiuug als Klasse durchsetzten — wem verdanken wir das, wenn nicht ihrer Barbarei, kraft deren sie es noch nicht zur ausgebildeten Sklaverei gebracht hatten, weder zur antiken Arbeitssklaverei noch zur orientalischen Haussklaverei?

Alles, was die Deutschen der Römerwelt Lebenskräftiges und Lebenbringendes einpflanzten, war Barbarenthum. In der That sind nur Barbaren fähig, eine an verendender Civilisation laborirende Welt zu verjüngen. Und die oberste Stufe der Barbarei, zu der und in der die Deutschen sich vor der Völkerwanderung emporgearbeitet, war gerade die günstigste für diesen Prozess. Das erklärt Alles.

IX. Barbarei und Civilisation.

Wir haben jetzt die Auflösung der Gentilverfassung an den drei grossen Einzelbeispielen der Griechen, Römer und Deutschen verfolgt. Untersuchen wir zum Schluss die allgemeinen ökonomischen Bedingungen, die die gentile Organisation der Gesellschaft auf der Oberstufe der Barbarei bereits untergruben, und mit dem Eintritt der Civilisation vollständig beseitigten. Hier wird uns Marx' „Kapital" ebenso nothwendig sein wie Morgan's Buch.

Hervorgewachsen auf der Mittelstufe, weitergebildet auf der Oberstufe der Wildheit, erreicht die Gens, soweit unsre Quellen dies beurtheilen lassen, ihre Blütezeit auf der Unterstufe der Barbarei. Mit dieser Entwicklungsstufe also beginnen wir.

Wir finden hier, wo uns die amerikanischen Rothhäute als Beispiel dienen müssen, die Gentilverfassung vollkommen ausgebildet. Ein Stamm hat sich in mehrere Gentes gegliedert; diese ursprünglichen Gentes zerfallen mit steigender Volkszahl jede in mehrere Tochtergentes, gegenüber denen die Muttergens als Phratrie erscheint; der Stamm selbst spaltet sich in mehrere Stämme, in deren jedem wir die alten Gentes grossentheils wiederfinden; ein Bund umschliesst wenigstens in einzelnen Fällen die verwandten Stämme. Diese einfache Organisation genügt vollkommen den gesellschaftlichen Zuständen, denen sie entsprungen ist. Sie ist weiter nichts als deren eigne, naturwüchsige Gruppirung, sie ist im Stande, alle Konflikte auszugleichen, die innerhalb der so organisirten Gesellschaft entspringen können. Nach

Aussen gleicht der Krieg aus; er kann mit Vernichtung des Stamms endigen, nie aber mit seiner Unterjochung. Es ist das Grossartige, aber auch das Beschränkte der Gentilverfassung, dass sie für Herrschaft und Knechtung keinen Raum hat. Nach Innen gibt es noch keinen Unterschied zwischen Rechten und Pflichten; die Frage, ob Theilnahme an den öffentlichen Angelegenheiten, Blutrache oder deren Sühnung, ein Recht oder eine Pflicht sei, besteht für den Indianer nicht; sie würde ihm ebenso absurd vorkommen wie die: ob Essen, Schlafen, Jagen ein Recht oder eine Pflicht sei. Ebensowenig kann eine Spaltung des Stammes und der Gens in verschiedene Klassen stattfinden. Und dies führt uns auf Untersuchung der ökonomischen Basis des Zustandes.

Die Bevölkerung ist äusserst dünn; verdichtet nur am Wohnort des Stamms, um den in weitem Kreise zunächst das Jagdgebiet liegt, dann der neutrale Schutzwald, der ihn von andern Stämmen trennt. Die Theilung der Arbeit ist rein naturwüchsig; sie besteht nur zwischen den beiden Geschlechtern. Der Mann führt den Krieg, geht jagen und fischen, beschafft den Rohstoff der Nahrung und die dazu nöthigen Werkzeuge. Die Frau besorgt das Haus und die Zubereitung der Nahrung und Kleidung, kocht, webt, näht. Jedes von Beiden ist Herr auf seinem Gebiet: der Mann im Walde, die Frau im Hause. Jedes ist Eigenthümer der von ihm verfertigten und gebrauchten Werkzeuge: der Mann der Waffen, des Jagd- und Fischzeugs, die Frau des Hausraths. Die Haushaltung ist kommunistisch für mehrere, oft viele Familien.*) Was gemeinsam gemacht und genutzt wird, ist gemeinsames Eigenthum: das Haus, der Garten, das Langboot. Hier also, und nur hier noch, gilt das von Juristen und Oekonomen der civilisirten Gesellschaft angedichtete „selbsterarbeitete Eigenthum", der letzte verlogne Rechtsvorwand, auf

---

*) Besonders an der Nordwestküste Amerikas, siehe Bancroft. Boi den Haidahs auf Königin Charlotte's Insel kommen Haushaltungen bis zu 700 Personen unter einem Dache vor. Bei den Nootkas lebten ganze Stämme unter einem Dache.

den das heutige kapitalistische Eigenthum sich noch stützt.

Aber die Menschen blieben nicht überall auf dieser Stufe stehn. In Asien fanden sie Thiere vor, die sich zähmen und gezähmt weiter züchten liessen. Die wilde Büffelkuh musste erjagt werden, die zahme lieferte jährlich ein Kalb, und Milch obendrein. Eine Anzahl der vorgeschrittensten Stämme — Arier, Semiten, vielleicht auch schon Turanier — machten erst die Zähmung, später nur noch die Wartung von Vieh zu ihrem Hauptarbeitszweig. Hirtenstämme sonderten sich aus von der übrigen Masse der Barbaren: **erste grosse gesellschaftliche Theilung der Arbeit.** Die Hirtenstämme producirten nicht nur mehr, sondern auch andre Lebensmittel als die übrigen Barbaren. Sie hatten nicht nur Milch, Milchprodukte und Fleisch in grösseren Massen vor diesen voraus, sondern auch Häute, Wolle, Ziegenhaare und die mit der Masse des Rohstoffs sich vermehrenden Gespinnste und Gewebe. Damit wurde ein regelmässiger Austausch zum ersten Male möglich. Auf früheren Stufen können nur gelegentliche Austäusche stattfinden; besondre Geschicklichkeit in der Verfertigung von Waffen und Werkzeugen kann zu vorübergehender Arbeitstheilung führen. So sind unzweifelhafte Reste von Werkstätten für Steinwerkzeuge aus dem späteren Steinzeitalter an vielen Orten gefunden worden; die Künstler, die hier ihre Geschicklichkeit ausbildeten, arbeiteten wahrscheinlich, wie noch die ständigen Handwerker indischer Gentilgemeinwesen, für Rechnnng der Gesammtheit. Keinenfalls konnte auf dieser Stufe ein andrer Austausch als der innerhalb des Stammes entstehn, und dieser blieb ausnahmsweises Ereigniss. Hier dagegen, nach der Ausscheidung der Hirtenstämme, finden wir alle Bedingungen fertig zum Austausch zwischen den Gliedern verschiedner Stämme, zu seiner Ausbildung und Befestigung als regelmässige Institution. Ursprünglich tauschte Stamm mit Stamm, durch die gegenseitigen Gentilvorsteher; als aber die Heerden anfingen in Privateigenthum überzugehen, überwog der Einzelaustausch mehr und mehr, und wurde endlich einzige Form. Der Hauptartikel aber, den die Hirtenstämme an ihre Nachbarn im Tausch abgaben, war Vieh; Vieh wurde die Waare, in der alle andren Waaren geschätzt und die überall gern im Austausch gegen jene genommen wurde — kurz, Vieh erhielt Geldfunktion und that Gelddienste schon auf dieser Stufe. Mit solcher Nothwendigkeit und Raschheit entwickelte sich schon im Anbeginn des Waarenaustausches das Bedürfniss einer Geldwaare.

Der Gartenbau, den asiatischen Barbaren der Unterstufe wahrscheinlich fremd, kam spätestens in der Mittelstufe bei ihnen auf, als Vorläufer des Feldbaus. Das Klima der turanischen Hochebene lässt kein Hirtenleben zu ohne Futtervorräthe für den langen und strengen Winter; Wiesenbau und Kultur von Kornfrucht war also hier Bedingung. Dasselbe gilt für die Steppen nördlich vom schwarzen Meer. Wurde aber erst die Kornfrucht für das Vieh gewonnen, so wurde sie bald auch menschliche Nahrung. Das bebaute Land blieb noch Stammeseigenthum, anfänglich der Gens, später von dieser den Einzelnen zur Benutzung überwiesen; sie mochten gewisse Besitzrechte daran haben, mehr aber auch nicht.

Von den industriellen Errungenschaften dieser Stufe sind zwei besonders wichtig. Die erste ist der Webstuhl, die zweite die Schmelzung von Metallerzen und die Verarbeitung der Metalle. Kupfer und Zinn und die aus beiden zusammengesetzte Bronze waren weitaus die wichtigsten; die Bronze lieferte brauchbare Werkzeuge und Waffen, konnte aber die Steinwerkzeuge nicht verdrängen; dies war nur dem Eisen möglich, und Eisen zu gewinnen, verstand man noch nicht. Gold und Silber fingen an zu Schmuck und Zierrath verwandt zu werden, und müssen schon hoch im Werth gestanden haben gegenüber Kupfer und Bronze.

Die Steigerung der Produktion in allen Zweigen — Viehzucht, Ackerbau, häusliches Handwerk — gab der menschlichen Arbeitskraft die Fähigkeit, ein grösseres Produkt zu erzeugen, als zu ihrem Unterhalt erforderlich war. Sie steigerte gleichzeitig die tägliche Arbeitsmenge, die jedem Mitglied der Gens, der Hausgemeinde oder der Einzelfamilie zufiel. Die Einschaltung neuer Arbeitskräfte wurde wünschenswerth. Der Krieg lieferte sie: die Kriegsgefangnen wurden in Sklaven verwandelt. Die erste grosse gesellschaftliche Theilung der Arbeit zog mit ihrer Steigerung der Produktivität der Arbeit, also des Reichthums, und mit ihrer Erweiterung des Produktionsfeldes, unter den gegebnen geschichtlichen Gesammtbedingungen, die Sklaverei mit Nothwendigkeit nach sich. Aus der ersten grossen gesellschaftlichen Arbeitstheilung entsprang die erste grosse Spaltung der Gesellschaft in zwei Klassen: Herren und Sklaven, Ausbeuter und Ausgebeutete.

Wie und wann die Heerden aus dem Gemeinbesitz des Stammes oder der Gens in das Eigenthum der einzelnen Familienhäupter übergegangen, darüber wissen wir bis jetzt nichts. Es muss aber im Wesentlichen auf dieser Stufe geschehn sein. Mit den Heerden nun, und den übrigen neuen Reichthümern kam eine Revolution über die Familie. Der Erwerb war immer Sache des Mannes gewesen, die Mittel zum Erwerb von ihm produzirt und sein Eigenthum. Die Heerden waren die neuen Erwerbsmittel, ihre anfängliche Zähmung und spätere Wartung sein Werk. Ihm gehörte daher das Vieh, ihm die gegen Vieh eingetauschten Waaren und Sklaven. All' der Ueberschuss, den der Erwerb jetzt lieferte, fiel dem Manne zu; die Frau genoss mit davon, aber sie hatte kein Theil am Eigenthum. Der „wilde" Krieger und Jäger war im Hause zufrieden gewesen mit der zweiten Stelle, nach der Frau; der „sanftere" Hirt, auf seinen Reichthum pochend, drängte sich vor an die erste Stelle und die Frau zurück an die zweite. Und sie konnte sich nicht beklagen. Die Arbeitstheilung in der Familie hatte die Eigenthumsvertheilung zwischen Mann und Frau geregelt; sie war dieselbe geblieben; und doch stellte sie jetzt das bisherige häusliche Verhältniss auf den Kopf, lediglich weil die Arbeitstheilung ausserhalb der Familie eine andre geworden war. Dieselbe Ursache, die der Frau ihre frühere

Herrschaft im Hause gesichert: ihre Beschränkung auf die Hausarbeit, dieselbe Ursache sicherte jetzt die Herrschaft des Mannes im Hause: die Hausarbeit der Frau verschwand jetzt neben der Erwerbsarbeit des Mannes; diese war Alles, jene eine unbedeutende Beigabe. Hier zeigt sich schon, dass die Befreiung der Frau, ihre Gleichstellung mit dem Manne, eine Unmöglichkeit ist und bleibt, so lange die Frau von der gesellschaftlichen produktiven Arbeit ausgeschlossen und auf die häusliche Privatarbeit beschränkt bleibt. Die Befreiung der Frau wird erst möglich, sobald diese auf grossem, gesellschaftlichem Massstab an der Produktion sich betheiligen kann, und die häusliche Arbeit sie nur noch in unbedeutendem Mass in Anspruch nimmt. Und dies ist erst möglich geworden durch die moderne grosse Industrie, die nicht nur Frauenarbeit auf grosser Stufenleiter zulässt, sondern förmlich nach ihr verlangt, und die auch die private Hausarbeit mehr und mehr in eine öffentliche Industrie aufzulösen strebt.

Mit der faktischen Herrschaft des Mannes im Hause war die letzte Schranke seiner Alleinherrschaft gefallen. Diese Alleinherrschaft wurde bestätigt und verewigt durch Sturz des Mutterrechts, Einführung des Vaterrechts, allmäligen Uebergang der Paarungsehe in die Monogamie. Damit aber kam ein Riss in die alte Gentilordnung: die Einzelfamilie wurde eine Macht und erhob sich drohend gegenüber der Gens.

Der nächste Schritt führt uns auf die Oberstufe der Barbarei, die Periode, in der alle Kulturvölker ihre Heroenzeit durchmachen: die Zeit des eisernen Schwerts, aber auch der eisernen Pflugschar und Axt. Das Eisen war dem Menschen dienstbar geworden, der letzte und wichtigste aller Rohstoffe, die eine geschichtlich umwälzende Rolle spielten, der letzte — bis auf die Kartoffel. Das Eisen schuf den Feldbau auf grösseren Flächen, die Urbarmachung ausgedehnterer Waldstrecken; es gab dem Handwerker Werkzeug von einer Härte und Schneide, der kein Stein, kein andres bekanntes Metall widerstand. Alles das allmälig; das erste Eisen war oft noch weicher als Bronze. So verschwand die

Steinwaffe nur langsam; nicht nur im Hildebrandslied, auch noch bei Hastings im Jahr 1066 kamen noch Steinäxte in's Gefecht. Aber der Fortschritt ging nun unaufhaltsam, weniger unterbrochen und rascher vor sich. Die mit steinernen Mauern, Thürmen und Zinnen steinerne oder Ziegel-Häuser umschliessende Stadt wurde Centralsitz des Stamms oder Stämmebundes; ein gewaltiger Fortschritt in der Baukunst, aber auch ein Zeichen vermehrter Gefahr und Schutzbedürftigkeit. Der Reichthum wuchs rasch, aber als Reichthum Einzelner; die Weberei, die Metallbearbeitung und die andern, mehr und mehr sich sondernden Handwerke entfalteten steigende Mannigfaltigkeit und Kunstfertigkeit der Produktion; der Landbau lieferte neben Korn, Hülsenfrüchten und Obst jetzt auch Oel und Wein, deren Bereitung man gelernt hatte. So mannigfache Thätigkeit konnte nicht mehr von demselben Einzelnen ausgeübt werden; **die zweite grosse Theilung der Arbeit** trat ein: das Handwerk sonderte sich vom Ackerbau. Die fortwährende Steigerung der Produktion und mit ihr der Produktivität der Arbeit erhöhte den Werth der menschlichen Arbeitskraft; die Sklaverei, auf der vorigen Stufe noch entstehend und sporadisch, wird jetzt wesentlicher Bestandtheil des Gesellschaftssystems; die Sklaven hören auf einfache Gehülfen zu sein, sie werden dutzendweise zur Arbeit getrieben auf dem Feld und in der Werkstatt. Mit der Spaltung der Produktion in die zwei grossen Hauptzweige, Ackerbau und Handwerk, entsteht die Produktion direkt für den Austausch, die Waarenproduktion; mit ihr der Handel, nicht nur im Innern und an den Stammesgrenzen, sondern auch schon über See. Alles dies aber noch sehr unentwickelt; die edlen Metalle fangen an vorwiegende und allgemeine Geldwaare zu werden, aber noch ungeprägt, nur nach dem noch unverkleideten Gewicht sich austauschend.

Der Unterschied von Reichen und Aermeren tritt neben den von Freien und Sklaven — mit der neuen Arbeitstheilung eine neue Spaltung der Gesellschaft in Klassen. Die Besitzunterschiede der einzelnen Familienhäupter sprengen die alte kommunistische Hausgemeinde überall, wo sie sich bis dahin erhalten; mit ihr die gemeinsame Bebauung des Bodens für Rechnung dieser Gemeinde. Das Ackerland wird den einzelnen Familien zunächst auf Zeit, später ein für alle Mal zur Nutzung überwiesen, der Uebergang in volles Privateigenthum vollzieht sich allmälig und parallel mit dem Uebergang der Paarungsehe in Monogamie. Die Einzelfamilie fängt an, die wirthschaftliche Einheit in der Gesellschaft zu werden.

Die dichtere Bevölkerung nöthigt zu engerem Zusammenschliessen nach Innen wie nach Aussen. Der Bund verwandter Stämme wird überall eine Nothwendigkeit; bald auch schon ihre Verschmelzung, damit die Verschmelzung der getrennten Stammesgebiete zu einem Gesammtgebiet des Volks. Der Heerführer des Volks — rex, basileus, thiudans — wird unentbehrlicher, ständiger Beamter. Die Volksversammlung kommt auf, wo sie nicht schon bestand. Heerführer, Rath, Volksversammlung bilden die Organe der zu einer militärischen Demokratie fortentwickelten Gentilgesellschaft. Militärisch — denn der Krieg und die Organisation zum Krieg sind jetzt regelmässige Funktionen des Volkslebens geworden. Die Reichthümer der Nachbarn reizen die Habgier von Völkern, bei denen Reichthumserwerb schon als einer der ersten Lebenszwecke erscheint. Sie sind Barbaren: Rauben gilt ihnen für leichter und selbst für ehrenvoller als Erarbeiten. Der Krieg, früher nur geführt zur Rache für Uebergriffe oder zur Ausdehnung des unzureichend gewordenen Gebiets, wird jetzt des blossen Raubs wegen geführt, wird stehender Erwerbszweig. Nicht umsonst starren die dräuenden Mauern um die neuen befestigten Städte: in ihren Gräben gähnt das Grab der Gentilverfassung, und ihre Thürme ragen bereits hinein in die Civilisation. Und ebenso geht es im Innern. Die Raubkriege erhöhen die Macht des obersten Heerführers wie die der Unterführer; die gewohnheitsmässige Wahl der Nachfolger in denselben Familien geht, namentlich seit Einführung des Vaterrechts, allmälig über in erst geduldete, dann beanspruchte, endlich usurpirte Erblichkeit; die Grundlage des Erbkönigthums und des Erbadels ist gelegt. So reissen sich die Organe der Gentilverfassung allmälig los von ihrer Wurzel im Volk, in Gens, Phratrie, Stamm, und die ganze Gentilverfassung verkehrt sich in ihr Gegentheil: aus einer Organisation von Stämmen zur freien Ordnung ihrer eignen Angelegenheiten wird sie eine Organisation zur Plünderung und Bedrückung der Nachbarn, und dem entsprechend werden ihre Organe aus Werkzeugen des Volkswillens zu selbständigen Organen der Herrschaft und Bedrückung gegenüber dem eignen Volk. Das aber wäre nie möglich gewesen, hätte nicht die Gier nach Reichthum die Gentilgenossen gespalten in Reiche und Arme, hätte nicht „die Eigenthumsdifferenz innerhalb derselben Gens die Einheit der Interessen verwandelt in Antagonismus der Gentilgenossen" (Marx), und hätte nicht die Ausdehnung der Sklaverei bereits angefangen, die Erarbeitung des Lebensunterhalts für nur sklavenwürdige Thätigkeit, für schimpflicher gelten zu lassen als den Raub.

Damit sind wir angekommen an der Schwelle der Civilisation. Sie wird eröffnet durch einen neuen Fortschritt der Theilung der Arbeit. Auf der untersten Stufe produzirten die Menschen nur direkt für eignen Bedarf; die etwa vorkommenden Austauschakte waren vereinzelt, betrafen nur den zufällig sich einstellenden Ueberfluss. Auf der Mittelstufe der Barbarei finden wir bei Hirtenvölkern in dem Vieh schon einen Besitz, der bei einer gewissen Grösse der Heerde regelmässig einen Ueberschuss über den eignen Bedarf liefert, zugleich eine Theilung der Arbeit zwischen Hirtenvölkern und zurückgebliebnen Stämmen ohne Heerden, damit zwei neben einander bestehende verschiedne Produktionsstufen, und damit die Bedingungen eines regelmässigen Austausches. Die Oberstufe der Barbarei liefert uns die weitere Arbeitstheilung zwischen Ackerbau und Handwerk, damit Produktion eines stets wachsenden

Theils der Arbeitserzeugnisse direkt für den Austausch, damit Erhebung des Austausches zwischen Einzelproduzenten zu einer Lebensnothwendigkeit der Gesellschaft. Die Civilisation befestigt und steigert alle diese vorgefundenen Arbeitstheilungen, namentlich durch Schärfung des Gegensatzes von Stadt und Land (wobei die Stadt das Land ökonomisch beherrschen kann, wie im Alterthum, oder auch das Land die Stadt, wie im Mittelalter), und fügt dazu eine dritte, ihr eigenthümliche, entscheidend wichtige Arbeitstheilung: sie erzeugt eine Klasse, die sich nicht mehr mit der Produktion beschäftigt, sondern nur mit dem Austausch der Produkte — die Kaufleute. Alle bisherigen Ansätze zur Klassenbildung hatten es noch ausschliesslich mit der Produktion zu thun; sie schieden die bei der Produktion betheiligten Leute in Leitende und Ausführende, oder aber in Produzenten auf grösserer und auf kleinerer Stufenleiter. Hier tritt zum ersten Mal eine Klasse auf, die, ohne an der Produktion irgendwie Antheil zu nehmen, die Leitung der Produktion im Ganzen und Grossen sich zu erobern, die Produzenten sich ökonomisch zu unterwerfen weiss, die sich zum unumgänglichen Vermittler zwischen je zwei Produzenten macht und sie beide ausbeutet. Unter dem Vorwand, den Produzenten die Mühe und das Risiko des Austausches abzunehmen, den Absatz ihrer Produkte nach entfernten Märkten auszudehnen, damit die nützlichste Klasse der Bevölkerung zu werden, bildet sich eine Klasse von Parasiten aus, echten gesellschaftlichen Schmarotzerthieren, die als Lohn für sehr geringe wirkliche Leistungen, sowohl von der heimischen wie von der fremden Produktion den Rahm abschöpft, rasch enorme Reichthümer und entsprechenden gesellschaftlichen Einfluss erwirbt, und eben desshalb während der Periode der Civilisation zu immer neuen Ehren und immer grösserer Beherrschung der Produktion berufen ist, bis sie endlich auch selbst ein eignes Produkt zu Tage fördert — die periodischen Handelskrisen.

Auf unsrer vorliegenden Entwicklungsstufe hat die junge Kaufmannschaft allerdings noch keine Ahnung von den grossen Dingen, die ihr bevorstehn. Aber sie bildet sich und macht sich unentbehrlich, und das genügt. Mit ihr aber bildet sich aus das Metallgeld, die geprägte Münze, und mit dem Metallgeld ein neues Mittel zur Herrschaft des Nichtproduzenten über den Produzenten und seine Produktion. Die Waare der Waaren, die alle andern Waaren im Verborgnen in sich enthält, war entdeckt, das Zaubermittel, das sich nach Belieben in jedes wünschenswerthe und gewünschte Ding verwandeln kann. Wer es hatte, beherrschte die Welt der Produktion, und wer hatte es vor Allen? Der Kaufmann. In seiner Hand war der Kultus des Geldes sicher. Er sorgte dafür, dass es offenbar wurde, wie sehr alle Waaren, damit alle Waarenproduzenten, sich anbetend in den Staub werfen mussten vor dem Geld. Er bewies es praktisch, wie sehr alle andern Formen des Reichthums nur selber blosser Schein werden gegenüber dieser Verkörperung des Reichthums als solchem. Nie wieder ist die Macht des Geldes aufgetreten in solcher ursprünglichen Roheit und Gewaltsamkeit wie in dieser ihrer Jugendperiode. Nach dem Waarenkauf für Geld kam der Geldvorschuss, mit diesem der Zins und der Wucher. Und keine Gesetzgebung späterer Zeit wirft den Schuldner so schonungs- und rettungslos zu den Füssen des wucherischen Gläubigers wie die altathenische und altrömische — und beide entstanden spontan, als Gewohnheitsrechte, ohne andern als den ökonomischen Zwang.

Neben den Reichthum an Waaren und Sklaven, neben den Geldreichthum trat nun auch der Reichthum an Grundbesitz. Das Besitzrecht der Einzelnen an den ihnen ursprünglich von Gens oder Stamm überlassenen Bodenparzellen hatte sich jetzt soweit befestigt, dass diese Parzellen ihnen erbeigenthümlich gehörten. Wonach sie in der letzten Zeit vor Allem gestrebt, das war die Befreiung von dem Anrecht der Gentilgenossenschaft an die Parzelle, das ihnen eine Fessel wurde. Die Fessel wurden sie los — aber bald nachher auch das neue Grundeigenthum. Volles, freies Eigenthum am Boden, das hiess nicht nur Möglichkeit, den Boden unverkürzt und unbeschränkt zu besitzen, das hiess auch Möglichkeit, ihn zu veräussern. So lange der Boden Gentileigenthum, existirte diese Möglichkeit nicht. Als aber der neue Grundbesitzer die Fessel des Obereigenthums der Gens und des Stamms endgültig abstreifte, zerriss er auch das Band, das ihn bisher unlöslich mit dem Boden verknüpft hatte. Was das hiess, wurde ihm klar gemacht durch das mit dem Privatgrundeigenthum gleichzeitig erfundene Geld. Der Boden konnte nun Waare werden, die man verkauft und verpfändet. Kaum war das Grundeigenthum eingeführt, so war auch die Hypothek schon erfunden (sieh Athen). Wie der Hetärismus und die Prostitution an die Fersen der Monogamie, so klammert sich von nun an die Hypothek an die Fersen des Grundeigenthums. Ihr habt das volle, freie, veräusserliche Grundeigenthum haben wollen, nun wohl, ihr habt's — tu l'as voulu, Georges Dandin!

So ging mit Handelsausdehnung, Geld und Geldwucher, Grundeigenthum und Hypothek die Konzentration und Centralisation des Reichthums in den Händen einer wenig zahlreichen Klasse rasch voran, daneben die steigende Verarmung der Massen und die steigende Masse der Armen. Die neue Reichthums-Aristokratie, soweit sie nicht schon von vornherein mit dem alten Stammesadel zusammengefallen war, drängte ihn endgültig in den Hintergrund (in Athen, in Rom, bei den Deutschen). Und neben dieser Scheidung der Freien in Klassen nach dem Reichthum ging besonders in Griechenland eine ungeheure Vermehrung der Zahl der Sklaven,*) deren erzwungne Arbeit die Grundlage bildete, auf der sich der Ueberbau der ganzen Gesellschaft erhob.

Sehen wir uns nun danach um, was unter dieser gesellschaftlichen Umwälzung aus der Gentilverfassung geworden war. Gegenüber den neuen Elementen, die ohne ihr Zuthun emporgewachsen, stand sie ohnmächtig

---

*) Die Anzahl für Athen s. oben S. 85. In Korinth betrug sie zur Blütezeit der Stadt 460,000, in Aegina 470,000, in beiden Fällen die zehnfache Anzahl der freien Bürgerbevölkerung.

da. Ihre Voraussetzung war, dass die Glieder einer Gens, oder doch eines Stammes, auf demselben Gebiet vereinigt sassen, es ausschliesslich bewohnten. Das hatte längst aufgehört. Ueberall waren Gentes und Stämme durch einander geworfen, überall wohnten Sklaven, Schutzverwandte, Fremde, mitten unter den Bürgern. Die erst gegen Ende der Mittelstufe der Barbarei erworbene Sesshaftigkeit wurde immer wieder durchbrochen durch die von Handel, Erwerbsveränderung, Grundbesitzwechsel bedingte Beweglichkeit und Veränderlichkeit des Wohnsitzes. Die Genossen der Gentilkörper konnten nicht mehr zusammentreten zur Wahrnehmung ihrer eignen gemeinsamen Angelegenheiten; nur unwichtige Dinge, wie die religiösen Feiern, wurden noch nothdürftig besorgt. Neben den Bedürfnissen und Interessen, zu deren Wahrung die Gentilkörper berufen und befähigt, waren aus der Umwälzung der Erwerbsverhältnisse und der daraus folgenden Aenderung der gesellschaftlichen Gliederung neue Bedürfnisse und Interessen entstanden, die der alten Gentilordnung nicht nur fremd waren, sondern sie in jeder Weise durchkreuzten. Die Interessen der durch Theilung der Arbeit entstandenen Handwerkergruppen, die besondern Bedürfnisse der Stadt im Gegensatz zum Land, erforderten neue Organe; jede dieser Gruppen aber war aus Leuten der verschiedensten Gentes, Phratrien und Stämme zusammengesetzt, sie schloss sogar Fremde ein; diese Organe mussten sich also bilden ausserhalb der Gentilverfassung, neben ihr, und damit gegen sie. — Und wiederum in jeder Gentilkörperschaft machte sich dieser Konflikt der Interessen geltend, der seine Spitze erreichte in der Vereinigung von Reichen und Armen, Wucherern und Schuldnern in derselben Gens und demselben Stamm. — Dazu kam die Masse der neuen, den Gentilgenossenschaften fremden Bevölkerung, die wie in Rom eine Macht im Lande werden konnte, und dabei zu zahlreich war, um allmälig in die blutsverwandten Geschlechter und Stämme aufgenommen zu werden. Dieser Masse gegenüber standen die Gentilgenossenschaften da als geschlossene, bevorrechtete Körperschaften; die ursprüngliche, naturwüchsige Demokratie war umgeschlagen in eine gehässige Aristokratie. — Schliesslich war die Gentilverfassung herausgewachsen aus einer Gesellschaft, die keine inneren Gegensätze kannte, und war auch nur einer solchen angepasst. Sie hatte kein Zwangsmittel ausser der öffentlichen Meinung. Hier aber war eine Lesellschaft entstanden, deren sämmtliche ökonomische Gebensbedingungen die Gesellschaft in Freie und Sklaven, in ausbeutende Reiche und ausgebeutete Arme hatten spalten müssen, die diese Gegensätze nicht nur nicht wieder versöhnen konnten, sondern sie immer mehr auf die Spitze treiben mussten. Eine solche Gesellschaft konnte nur bestehn entweder im fortwährenden offnen Kampf dieser Klassen gegen einander, oder aber unter der Herrschaft einer dritten Macht, die, scheinbar über den widerstreitenden Klassen stehend, ihren offnen Konflikt niederdrückte, und den Klassenkampf höchstens auf ökonomischem Gebiet, in sogenannter gesetzlicher Form, sich ausfechten liess. Die Gentilverfassung hatte ausgelebt. Sie war gesprengt durch die Theilung der Arbeit, die die Gesellschaft in Klassen spaltete. Sie wurde ersetzt durch den Staat.

Die drei Hauptformen, in denen der Staat sich auf den Ruinen der Gentilverfassung erhebt, haben wir oben im Einzelnen betrachtet. Athen bietet die reinste, klassischste Form: hier entspringt der Staat direkt und vorherrschend aus den Klassengegensätzen, die sich innerhalb der Gentilgesellschaft selbst entwickeln. In Rom wird die Gentilgesellschaft eine geschlossene Aristokratie inmitten einer zahlreichen, ausser ihr stehenden, rechtlosen aber pflichtenschuldigen Plebs; der Sieg der Plebs sprengt die alte Geschlechtsverfassung und errichtet auf ihren Trümmern den Staat, worin Gentilaristokratie und Plebs bald beide gänzlich aufgehn. Bei den deutschen Eroberern des Römerreichs endlich entspringt der Staat direkt aus der Eroberung grosser, fremder Gebiete, die zu beherrschen die Gentilverfassung keine Mittel bietet. Weil aber mit dieser Eroberung weder ernstlicher Kampf mit der alten Bevölkerung verbunden ist, noch eine fortgeschrittnere Arbeitstheilung; weil die ökonomische Entwicklungsstufe der Eroberten und die der Eroberer fast dieselbe ist, die ökonomische Basis der Gesellschaft also die alte bleibt, deshalb kann sich die Gentilverfassung lange Jahrhunderte hindurch in veränderter, territorialer Gestalt als Markverfassung forterhalten und selbst in den späteren Adels- und Patriciergeschlechtern, ja selbst in Bauerngeschlechtern wie in Dithmarschen, eine Zeitlang in abgeschwächter Form verjüngen.*)

Der Staat ist also keineswegs eine der Gesellschaft von Aussen aufgezwungne Macht; ebensowenig ist er „die Wirklichkeit der sittlichen Idee", „das Bild und die Wirklichkeit der Vernunft", wie Hegel behauptet. Er ist vielmehr ein Produkt der Gesellschaft auf bestimmter Entwicklungsstufe; er ist das Eingeständniss, dass diese Gesellschaft sich in einen unlösbaren Widerspruch mit sich selbst verwickelt, sich in unversöhnliche Gegensätze gespalten hat, die zu bannen sie ohnmächtig ist. Damit aber diese Gegensätze, Klassen mit widerstreitenden ökonomischen Interessen, nicht sich und die Gesellschaft in fruchtlosem Kampf verzehren, ist eine scheinbar über der Gesellschaft stehende Macht nöthig geworden, die den Konflikt dämpfen, innerhalb der Schranken der „Ordnung" halten soll; und diese, aus der Gesellschaft hervorgegangene, aber sich über sie stellende, sich ihr mehr und mehr entfremdende Macht ist der Staat.

Gegenüber der alten Gentilorganisation kennzeichnet sich der Staat erstens durch die Eintheilung der Staatsangehörigen **nach dem Gebiet**. Die alten, durch Blutsbande gebildeten und zusammengehaltenen Gen-

---

*) Der erste Geschichtsschreiber, der wenigstens eine annähernde Vorstellung vom Wesen der Gens hatte, war Niebuhr, und das — aber auch seine ohne Weiteres mit übertragnen Irrthümer — verdankt er seiner Bekanntschaft mit den dithmarsischen Geschlechtern.

tilgenossenschaften, wie wir gesehen, waren unzureichend geworden, grossentheils weil sie eine Bindung der Genossen an ein bestimmtes Gebiet voraussetzten und diese längst aufgehört hatte. Das Gebiet war geblieben, aber die Menschen waren mobil geworden. Man nahm also die Gebietseintheilung als Ausgangspunkt und liess die Bürger ihre öffentlichen Rechte und Pflichten da erfüllen, wo sie sich niederliessen, ohne Rücksicht auf Gens und Stamm. Diese Organisation der Staatsangehörigen nach der Ortsangehörigkeit ist allen Staaten gemeinsam. Uns kommt sie daher natürlich vor; wir haben oben gesehn, wie harte und langwierige Kämpfe erfordert waren, bis sie in Athen und Rom sich an die Stelle der alten Organisation nach Geschlechtern setzen konnte.

Das Zweite ist die Einrichtung einer öffentlichen Gewalt, welche nicht mehr unmittelbar zusammenfällt mit der, sich selbst als bewaffnete Macht organisirenden Bevölkerung. Diese besondre, öffentliche Gewalt ist nöthig, weil eine selbstthätige bewaffnete Organisation der Bevölkerung unmöglich geworden seit der Spaltung in Klassen. Die Sklaven gehören auch zur Bevölkerung; die 90,000 athenischen Bürger bilden gegenüber den 365,000 Sklaven nur eine bevorrechtete Klasse. Das Volksheer der athenischen Demokratie war eine aristokratische öffentliche Gewalt gegenüber den Sklaven und hielt sie im Zaum; aber auch um die Bürger im Zaum zu halten, wurde eine Gendarmerie nöthig, wie oben erzählt. Diese öffentliche Gewalt existirt in jedem Staat; sie besteht nicht bloss aus bewaffneten Menschen, sondern auch aus sachlichen Anhängseln, Gefängnissen und Zwangsanstalten aller Art, von denen die Gentilgesellschaft nichts wusste. Sie kann sehr unbedeutend, fast verschwindend sein in Gesellschaften mit noch unentwickelten Klassengegensätzen und auf abgelegnen Gebieten, wie zeit- und ortweise in den Vereinigten Staaten Amerikas. Sie verstärkt sich aber in dem Mass, wie die Klassengegensätze innerhalb des Staats sich verschärfen, und wie die einander begrenzenden Staaten grösser und volkreicher werden — man sehe nur unser heutiges Europa an, wo Klassenkampf und Eroberungskonkurrenz die öffentliche Macht auf eine Höhe emporgeschraubt haben, auf der sie die ganze Gesellschaft und selbst den Staat zu verschlingen droht.

Um diese öffentliche Macht aufrecht zu erhalten, sind Beiträge der Staatsbürger nöthig — die Steuern. Diese waren der Gentilgesellschaft vollständig unbekannt. Wir aber wissen heute genug davon zu erzählen. Mit der fortschreitenden Civilisation reichen auch sie nicht mehr; der Staat zieht Wechsel auf die Zukunft, macht Anleihen, Staatsschulden. Auch davon weiss das alte Europa ein Liedchen zu singen.

Im Besitz der öffentlichen Gewalt und des Rechts der Steuereintreibung, stehn die Beamten nun da als Organe der Gesellschaft über der Gesellschaft. Die freie, willige Achtung, die den Organen der Gentilverfassung gezollt wurde, genügt ihnen nicht, selbst wenn sie sie haben könnten; Träger einer der Gesellschaft entfremdeten Macht, müssen sie in Respekt gesetzt werden durch Ausnahmsgesetze, kraft deren sie einer besondren Heiligkeit und Unverletzlichkeit geniessen. Der lumpigste Polizeidiener des civilisirten Staats hat mehr „Autorität" als alle Organe der Gentilgesellschaft zusammengenommen; aber der mächtigste Fürst und der grösste Staatsmann oder Feldherr der Civilisation kann den geringsten Gentilvorsteher beneiden um die unerzwungne und unbestrittene Achtung, die ihm gezollt wird. Der Eine steht eben mitten in der Gesellschaft; der Andre ist genöthigt, etwas vorstellen zu wollen ausser und über ihr.

Da der Staat entstanden ist aus dem Bedürfniss, Klassengegensätze im Zaum zu halten; da er aber gleichzeitig mitten im Konflikt dieser Klassen entstanden ist, so ist er in der Regel Staat der mächtigsten, ökonomisch herrschenden Klasse, die vermittelst seiner auch politisch herrschende Klasse wird, und so neue Mittel erwirbt zur Niederhaltung und Ausbeutung der unterdrückten Klasse. So war der antike Staat vor Allem Staat der Sklavenbesitzer zur Niederhaltung der Sklaven, wie der Feudalstaat Organ des Adels zur Niederhaltung der leibeignen und hörigen Bauern, und der moderne Repräsentativstaat Werkzeug der Ausbeutung der Lohnarbeit durch das Kapital. Ausnahmsweise indess kommen Perioden vor, wo die kämpfenden Klassen einander so nahe das Gleichgewicht halten, dass die Staatsgewalt als scheinbare Vermitttlerin momentan eine gewisse Selbsständigkeit gegenüber Beiden erhält. So die absolute Monarchie des siebzehnten und achtzehnten Jahrhunderts, die Adel und Bürgerthum gegen einander balancirt; so der Bonapartismus des ersten und namentlich des zweiten französischen Kaiserreichs, der das Proletariat gegen die Bourgeoisie und die Bourgeoisie gegen das Proletariat ausspielte. Die neueste Leistung in dieser Art, bei der Herrscher und Beherrschte gleich komisch erscheinen, ist das neue deutsche Reich bismarck'scher Nation: hier werden Kapitalisten und Arbeiter gegen einander balancirt und gleichmässig geprellt zum Besten der verkommnen preussischen Krautjunker.

In den meisten geschichtlichen Staaten werden ausserdem die den Staatsbürgern zugestandenen Rechte nach dem Vermögen abgestuft und damit direkt ausgesprochen, dass der Staat eine Organisation der besitzenden Klasse zum Schutz gegen die nichtbesitzende ist. So schon in den athenischen und römischen Vermögensklassen. So im mittelalterlichen Feudalstaat, wo die politische Machtstellung sich nach dem Grundbesitz gliederte. So im Wahlcensus der modernen Repräsentativstaaten. Diese politische Anerkennung des Besitzunterschieds ist indess keineswegs wesentlich. Im Gegentheil, sie bezeichnet eine niedrige Stufe der staatlichen Entwicklung. Die höchste Staatsform, die demokratische Republik, die in unsern modernen Gesellschaftsverhältnissen mehr und mehr unvermeidliche Nothwendigkeit wird und die Staatsform ist, in der der letzte Entscheidungskampf zwischen Proletariat und Bourgeoisie allein ausgekämpft werden kann — die demokratische Republik weiss officiell nichts mehr von Besitzunterschieden. In ihr übt der Reichthum seine

Macht indirekt, aber um so sichrer aus. Einerseits in der Form der direkten Beamtenkorruption, wofür Amerika klassisches Muster, andrerseits in der Form der Allianz von Regierung und Börse, die sich um so leichter vollzieht, je mehr die Staatsschulden steigen und je mehr Aktiengesellschaften nicht nur den Transport, sondern auch die Produktion selbst in ihren Händen konzentriren und wiederum in der Börse ihren Mittelpunkt finden. Dafür ist ausser Amerika die neueste französische Republik ein schlagendes Beispiel, und auch die biedre Schweiz hat auf diesem Felde das Ihrige geleistet. Dass aber zu diesem Bruderbund von Regierung und Börse keine demokratische Republik erforderlich, beweisst ausser England das neue deutsche Reich, wo man nicht sagen kann, wen das allgemeine Stimmrecht höher gehoben hat, Bismarck oder Bleichröder. Und endlich herrscht die besitzende Klasse direkt mittelst des allgemeinen Stimmrechts. Solange die unterdrückte Klasse, also in unserm Fall das Proletariat, noch nicht reif ist zu seiner Selbstbefreiung, solange wird sie, der Mehrzahl nach, die bestehende Gesellschaftsordnung als die einzig mögliche erkennen und politisch der Schwanz der Kapitalistenklasse, ihr äusserster linker Flügel sein. In dem Mass aber, worin sie ihrer Selbstemancipation entgegenreift, in dem Mass konstituirt sie sich als eigne Partei, wählt ihre eignen Vertreter, nicht die der Kapitalisten. Das allgemeine Stimmrecht ist so der Gradmesser der Reife der Arbeiterklasse. Mehr kann und wird es nie sein im heutigen Staat; aber das genügt auch. An dem Tage, wo das Thermometer des allgemeinen Stimmrechts den Siedepunkt bei den Arbeitern anzeigt, wissen sie sowohl wie die Kapitalisten, woran sie sind.

Der Staat ist also nicht von Ewigkeit her. Es hat Gesellschaften gegeben, die ohne ihn fertig wurden, die von Staat und Staatsgewalt keine Ahnung hatten. Auf einer bestimmten Stufe der ökonomischen Entwicklung, die mit Spaltung der Gesellschaft in Klassen nothwendig verbunden war, wurde durch diese Spaltung der Staat eine Nothwendigkeit. Wir nähern uns jetzt mit raschen Schritten einer Entwicklungsstufe der Produktion, auf der das Dasein dieser Klassen nicht nur aufgehört hat, eine Nothwendigkeit zu sein, sondern ein positives Hinderniss der Produktion wird. Sie werden fallen, ebenso unvermeidlich, wie sie früher entstanden sind. Mit ihnen fällt unvermeidlich der Staat. Die Gesellschaft, die die Produktion auf Grundlage freier und gleicher Association der Produzenten neu organisirt, versetzt die ganze Staatsmaschine dahin, wohin sie dann gehören wird: in's Museum der Alterthümer, neben das Spinnrad und die bronzene Axt.

Die Civilisation ist also nach dem Vorausgeschickten die Entwicklungsstufe der Gesellschaft, auf der die Theilung der Arbeit, der aus ihr entspringende Austausch zwischen Einzelnen, und die Beides zusammenfassende Waarenproduktion zur vollen Entfaltung kommen und die ganze frühere Gesellschaft umwälzen.

Die Produktion aller früheren Gesellschaftsstufen war wesentlich eine gemeinsame, wie auch die Konsumtion unter direkter Vertheilung der Produkte innerhalb grösserer oder kleinerer kommunistischer Gemeinwesen vor sich ging. Diese Gemeinsamkeit der Produktion fand statt innerhalb der engsten Schranken; aber sie führte mit sich die Herrschaft des Produzenten über ihren Produktionsprozess und ihr Produkt. Sie wissen, was aus dem Produkt wird: sie verzehren es, es verlässt ihre Hände nicht; und so lange die Produktion auf dieser Grundlage betrieben wird, kann sie den Produzenten nicht über den Kopf wachsen, keine gespenstischen fremden Mächte ihnen gegenüber erzeugen, wie dies in der Civilisation regelmässig und unvermeidlich der Fall ist.

Aber in diesen Produktionsprozess schiebt sich die Theilung der Arbeit langsam ein. Sie untergräbt die Gemeinsamkeit der Produktion und Aneignung, sie erhebt die Aneignung durch Einzelne zur überwiegenden Regel, und erzeugt damit den Austausch zwischen Einzelnen — wie, das haben wir oben untersucht. Allmälig wird die Waarenproduktion herrschende Form.

Mit der Waarenproduktion, der Produktion nicht mehr für eignen Verbrauch, sondern für den Austausch, wechseln die Produkte nothwendig die Hände. Der Produzent gibt sein Produkt im Tausch weg, er weiss nicht mehr, was daraus wird. Sowie das Geld, und mit dem Geld der Kaufmann als Vermittler zwischen die Produzenten tritt, wird der Austauschprozess noch verwickelter, das schliessliche Schicksal der Produkte noch ungewisser. Der Kaufleute sind viele, und keiner von ihnen weiss, was der andere thut. Die Waaren gehen nun schon nicht bloss von Hand zu Hand, sie gehn auch von Markt zu Markt; die Produzenten haben die Herrschaft über die Gesammtproduktion ihres Lebenskreises verloren, und die Kaufleute haben sie nicht überkommen. Produkte und Produktion verfallen dem Zufall.

Aber Zufall, das ist nur der eine Pol eines Zusammenhangs, dessen anderer Pol Nothwendigkeit heisst. In der Natur, wo auch der Zufall zu herrschen scheint, haben wir längst auf jedem einzelnen Gebiet die innere Nothwendigkeit und Gesetzmässigkeit nachgewiesen, die in diesem Zufall sich durchsetzt. Ebenso ist es in der Gesellschaft. Je mehr eine gesellschaftliche Thätigkeit, eine Reihe gesellschaftlicher Vorgänge der bewussten Kontrole der Menschen zu mächtig wird, ihnen über den Kopf wächst, je mehr sie dem puren Zufall überlassen scheint, desto mehr setzen sich in diesem Zufall die ihr eigenthümlichen, innewohnenden Gesetze wie mit Naturnothwendigkeit durch. Solche Gesetze beherrschen auch die Zufälligkeiten der Waarenproduktion und des Waarenaustausches; dem einzelnen Produzenten und Austauschenden stehn sie gegenüber als fremde, Anfangs sogar unerkannte Mächte, deren Natur erst mühsam erforscht und ergründet werden muss. Diese ökonomischen Gesetze der Waarenproduktion modificiren sich mit den verschiednen Entwicklungsstufen dieser Produktionsform; im Ganzen und Grossen aber steht die gesammte Periode der Civilisation unter ihrer Herrschaft. Und noch heute beherrscht das Produkt die Produzenten; noch heute wird die Gesammtproduktion der Gesellschaft geregelt, nicht durch gemeinsam überlegten Plan, sondern durch blinde Gesetze, die sich geltend machen mit elementarer Gewalt, in letzter Instanz in den Gewittern der periodischen Handelskrisen.

Wir sahen oben, wie auf einer ziemlich frühen Entwicklungsstufe der Produktion die menschliche Arbeitskraft befähigt wird, ein beträchtlich grösseres Produkt zu liefern als zum Unterhalt der Produzenten erforderlich ist, und wie diese Entwicklungsstufe in der Hauptsache dieselbe ist, auf der Theilung der Arbeit und Austausch zwischen Einzelnen aufkommen. Es dauerte nun nicht lange mehr, bis die grosse „Wahrheit" entdeckt wurde, dass auch der Mensch eine Waare sein kann; dass die menschliche Arbeitskraft austauschbar und vernutzbar ist, indem man den Menschen in einen Sklaven verwandelt. Kaum hatten die Menschen angefangen auszutauschen, so wurden sie auch schon selbst ausgetauscht. Das Aktivum wurde zum Passivum, die Menschen mochten wollen oder nicht.

Mit der Sklaverei, die unter der Civilisation ihre vollste Entfaltung erhielt, trat die erste grosse Spaltung der Gesellschaft ein in eine ausbeutende und eine ausgebeutete Klasse. Diese Spaltung dauerte fort während der ganzen civilisirten Periode. Die Sklaverei ist die erste, der antiken Welt eigenthümliche Form der Ausbeutung; ihr folgt die Leibeigenschaft im Mittelalter, die Lohnarbeit in der neueren Zeit. Es sind dies die drei grossen Formen der Knechtschaft, wie sie für die drei grossen Epochen der Civilisation charakteristisch sind; offne, und neuerdings verkleidete, Sklaverei geht stets daneben her.

Die Stufe der Waarenproduktion, womit die Civilisation beginnt, wird ökonomisch bezeichnet durch die Einführung 1) des Metallgelds, damit des Geldkapitals, des Zinses und Wuchers; 2) der Kaufleute als vermittelnder Klasse zwischen den Produzenten; 3) des Privatgrundeigenthums und der Hypothek, und 4) der

Sklavenarbeit als herrschender Produktionsform. Die der Civilisation entsprechende und mit ihr definitiv zur Herrschaft kommende Familienform ist die Monogamie, die Herrschaft des Mannes über die Frau, und die Einzelfamilie als wirthschaftliche Einheit der Gesellschaft. Die Zusammenfassung der civilisirten Gesellschaft ist der Staat, der in allen mustergültigen Perioden ausnahmslos der Staat der herrschenden Klasse ist, und in allen Fällen wesentlich Maschine zur Niederhaltung der unterdrückten, ausgebeuteten Klasse bleibt. Bezeichnend für die Civilisation ist noch: einerseits die Fixirung des Gegensatzes von Stadt und Land, als der Grundlage der gesammten gesellschaftlichen Arbeitstheilung; andrerseits die Einführung der Testamente, wodurch der Eigenthümer auch noch über seinen Tod hinaus über sein Eigenthum verfügen kann. Diese der alten Gentilverfassung direkt in's Gesicht schlagende Einrichtung war in Athen bis auf Solon unbekannt; in Rom ist sie schon früh eingeführt, wann, wissen wir nicht;*) bei den Deutschen führten die Pfaffen sie ein, damit der biedre Deutsche sein Erbtheil der Kirche ungehindert vermachen könne.

Mit dieser Grundverfassung hat die Civilisation Dinge vollbracht, denen die alte Gentilgesellschaft nicht im Entferntesten gewachsen war. Aber sie hat sie vollbracht, indem sie die schmutzigsten Triebe und Leidenschaften der Menschen in Bewegung setzte und

---

*) Lassalle's „System der erworbenen Rechte" dreht sich hauptsächlich um den Satz, das römische Testament sei so alt wie Rom selbst, es habe für die römische Geschichte nie „eine Zeit ohne Testament gegeben"; das Testament sei vielmehr in vorrömischer Zeit aus dem Kultus der Verstorbenen entstanden. Lassalle, als gläubiger Althegelianer, leitet die römischen Rechtsbestimmungen ab, nicht aus den gesellschaftlichen Verhältnissen der Römer, sondern aus dem „spekulativen Begriff" des Willens, und kommt dabei zu jener total ungeschichtlichen Behauptung. Man kann sich darüber nicht wundern in einem Buch, das auf Grund desselben spekulativen Begriffs zu dem Ergebniss kommt, bei der römischen Erbschaft sei die Uebertragung des Vermögens reine Nebensache gewesen. Lassalle glaubt nicht nur an die Illusionen der römischen Juristen, besonders der früheren Zeit; er übergipfelt sie noch.

auf Kosten seiner ganzen übrigen Anlagen entwickelte. Die glatte Habgier war die treibende Seele der Civilisation von ihrem ersten Tag bis heute, Reichthum und abermals Reichthum, und zum drittenmal Reichthum, Reichthum nicht der Gesellschaft, sondern dieses einzelnen lumpigen Individuums, ihr einzig entscheidendes Ziel. Wenn ihr dabei die steigende Entwicklung der Wissenschaft, und zu wiederholten Perioden die höchste Blüte der Kunst in den Schoss gefallen ist, so doch nur, weil ohne diese die volle Reichthumserrungenschaft unsrer Zeit nicht möglich gewesen wäre.

Da die Grundlage der Civilisation die Ausbeutung einer Klasse durch eine andre Klasse ist, so bewegt sich ihre ganze Entwicklung in einem fortdauernden Widerspruch. Jeder Fortschritt der Produktion ist gleichzeitig ein Rückschritt in der Lage der unterdrückten Klasse, d. h. der grossen Mehrzahl. Jede Wohlthat für die Einen ist nothwendig ein Uebel für die Andern, jede neue Befreiung der einen Klasse eine neue Unterdrückung für eine andre Klasse. Den schlagendsten Beweis dafür liefert die Einführung der Maschinerie, deren Wirkungen heute weltbekannt sind. Und wenn bei den Barbaren der Unterschied von Rechten und Pflichten, wie wir sahen, noch kaum gemacht werden konnte, so macht die Civilisation den Unterschied und Gegensatz Beider auch dem Blödsinnigsten klar, indem sie einer Klasse so ziemlich alle Rechte zuweist, der andern dagegen so ziemlich alle Pflichten.

Das soll aber nicht sein. Was für die herrschende Klasse gut ist, soll gut sein für die ganze Gesellschaft, mit der die herrschende Klasse sich identificirt. Je weiter also die Civilisation fortschreitet, je mehr ist sie genöthigt, die von ihr mit Nothwendigkeit geschaffnen Uebelstände mit dem Mantel der Liebe zu bedecken, sie zu beschönigen oder wegzuleugnen, kurz eine konventionelle Heuchelei einzuführen, die weder früheren Gesellschaftsformen noch selbst den ersten Stufen der Civilisation bekannt war, und die zuletzt in der Behauptung gipfelt: die Ausbeutung der unterdrückten Klasse werde betrieben von der ausbeutenden

Klasse einzig und allein im Interesse der ausgebeuteten Klasse selbst; und wenn diese das nicht einsehe, sondern sogar rebellisch werde, so sei das der schnödeste Undank gegen ihre Wohlthäter, die Ausbeuter.*)

Und nun zum Schluss Morgan's Urtheil über die Civilisation:

„Seit dem Eintritt der Civilisation ist das Wachsthum des Reichthums so ungeheuer geworden, seine Formen so verschiedenartig, seine Anwendung so umfassend, und seine Verwaltung so geschickt im Interesse der Eigenthümer, dass dieser Reichthum, dem Volk gegenüber, eine nicht zu bewältigende Macht geworden ist. Der Menschengeist steht rathlos und gebannt da vor seiner eignen Schöpfung. Aber dennoch wird die Zeit kommen, wo die menschliche Vernunft erstarken wird zur Herrschaft über den Reichthum, wo sie feststellen wird sowohl das Verhältniss des Staats zu dem Eigenthum, das er schützt, wie die Grenzen der Rechte der Eigenthümer. Die Interessen der Gesellschaft gehen den Einzelinteressen absolut vor, und Beide müssen in ein gerechtes und harmonisches Verhältniss gebracht werden. Die blosse Jagd nach Reichthum ist nicht die Endbestimmung der Menschheit, wenn anders der Fortschritt das Gesetz der Zukunft bleibt, wie er es war für die Vergangenheit. Die seit Anbruch der Civilisation verflossene Zeit ist nur ein kleiner Bruchtheil der verflossenen Lebenszeit der Menschheit; nur ein kleiner Bruchtheil der ihr noch bevorstehenden. Die Auflösung der Gesellschaft steht drohend vor uns als

---

*) Ich beabsichtigte anfangs, die brillante Kritik der Civilisation, die sich in den Werken Charles Fouriers zerstreut vorfindet, neben diejenige Morgan's und meine eigne zu stellen. Leider fehlte mir die Zeit dazu. Ich bemerke nur, dass schon bei Fourier Monogamie und Grundeigenthum als Hauptkennzeichen der Civilisation gelten und dass er sie einen Krieg des Reichen gegen den Armen nennt. Ebenfalls findet sich bei ihm schon die tiefe Einsicht, dass in allen mangelhaften, in Gegensätze gespaltenen Gesellschaften Einzelfamilien (les familles incohérentes) die wirthschaftlichen Einheiten sind.

— 146 —

Abschluss einer geschichtlichen Laufbahn, deren einziges Endziel der Reichthum ist; denn eine solche Laufbahn enthält die Elemente ihrer eignen Vernichtung. Demokratie in der Verwaltung, Brüderlichkeit in der Gesellschaft, Gleichheit der Rechte, allgemeine Erziehung, werden die nächste höhere Stufe der Gesellschaft einweihen, zu der Erfahrung, Vernunft und Wissenschaft stetig hinarbeiten. Sie wird eine Wiederbelebung sein — aber in höherer Form — der Freiheit, Gleichheit und Brüderlichkeit der alten Gentes." (Morgan, Ancient Society, p. 552.)

Inhalt.

		Seite
I.	Vorgeschichtliche Kulturstufen	7
II.	Die Familie	14
III.	Die irokesische Gens	44
IV.	Die griechische Gens	62
V.	Entstehung des athenischen Staats	73
VI.	Gens und Staat in Rom	86
VII.	Die Gens bei Celten und Deutschen	94
VIII.	Die Staatsbildung der Deutschen	107
IX.	Barbarei und Civilisation	121